Phil Hellmuth Apresenta:
Ler e Tirar Proveito

O guia de um agente de carreira do FBI para decodificar jogadas de pôquer

Joe Navarro, Marvin Karlins
e Phil Hellmuth

Phil Hellmuth Apresenta: Ler e Tirar Proveito

O guia de um agente de carreira do FBI para decodificar jogadas de pôquer

Tradução:
Paula Machado de Barros

Publicado originalmente em inglês sob o título *Phil Hellmuth Presents Read'* Em and Reap, por Joe Navarro.
© 2006, Joe Navarro.
Direitos de edição e tradução para o Brasil.
Tradução autorizada do inglês.
© 2013, Madras Editora Ltda.

Editor:
Wagner Veneziani Costa

Produção e Capa:
Equipe Técnica Madras

Tradução:
Paula Machado de Barros

Revisão da Tradução:
Rosalia Munhoz

Revisão:
Maria Cristina Scomparini
Arlete Genari
Francisco Jean Siqueira Diniz

Dados Internacionais de Catalogação na Publicação (CIP)
(Câmara Brasileira do Livro, SP, Brasil)

Navarro, Joe
   Phil Hellmuth apresenta : ler e tirar proveito : o guia de agente de carreira do FBI para decodificar jogadas de pôquer / Joe Navarro, Marvin Karlins e Phil Hellmuth ; tradução Paula Machado de Barros. -- São Paulo : Madras, 2013.

   Título original: Phil Hellmuth presents read'em and reap : a career FBI agent`s guide to decoding poker tells.
   Bibliografia
   ISBN 978-85-370-0881-2

   1. Poker 2. Poker - Regras I. Karlins, Marvin. II. Hellmuth, Phil. III. Título.

13-10327   CDD-795.412

Índices para catálogo sistemático:
1. Poker : Jogo 795.412

É proibida a reprodução total ou parcial desta obra, de qualquer forma ou por qualquer meio eletrônico, mecânico, inclusive por meio de processos xerográficos, incluindo ainda o uso da internet, sem a permissão expressa da Madras Editora, na pessoa de seu editor (Lei nº 9.610, de 19.2.98).

Todos os direitos desta edição, em língua portuguesa, reservados pela

MADRAS EDITORA LTDA.
Rua Paulo Gonçalves, 88 – Santana
CEP: 02403-020 – São Paulo/SP
Caixa Postal: 12183 – CEP: 02013-970
Tel.: (11) 2281-5555 – Fax: (11) 2959-3090
www.madras.com.br

Para minha filha Stephanie.

Índice

Agradecimentos 13
Introdução – Reações Corporais Fazem Toda a Diferença
             Por Phil Helmuth Jr. 15
Prefácio – Conheça o Homem que Mudará a Cara do
             Pôquer e a sua Expressão de Blefe
             Por Marvin Karlins, Ph.D. 19
Capítulo 1 – Como se Tornar uma Ameaça Séria em uma
             Mesa de Pôquer 25
             Uma lição da faculdade de medicina 25
             Observação meticulosa: a base da nossa
             estratégia de pôquer 27
             Aprendendo a observar com eficácia 29
             Observação eficaz na mesa de pôquer 32
             Decifrar e avaliar: reações corporais de
             pôquer reveladas e avaliadas 37
             Reagir e entrar no banco de dados 38
             Uma recomendação final antes de
             você chegar às mesas 39
             Pensamentos de Phil acerca da importância
             da observação eficaz para vencer
             na mesa de pôquer 41
Capítulo 2 – A Base Fisiológica das Reações Corporais:
             NÃO é Óbvio! 45
             Um cérebro que é honesto, um cérebro
             que pode mentir 45

À procura da realidade límbica 47
As três reações que você precisa saber
para jogar pôquer 48
A reação do congelamento 48
A reação de fuga 51
A reação de luta 57
Uma nota final sobre nosso legado límbico 63
Detectar reações corporais é tão fácil assim? ... 64
E se eu não quiser fazer o esforço necessário
para ler as pessoas de forma eficaz? 64

Capítulo 3 – Aprenda a Ocultar, Não a Revelar! 65
Adotando uma postura robótica às mesas 67
Um guia passo a passo para estabelecer
sua imagem à mesa 68
Terei dificuldade para ocultar minhas
reações corporais? 74
Verificando a exatidão da sua
imagem à mesa 75
E o uso de óculos escuros para
ocultar comportamentos? 76
E que tal usar um chapéu? 77
Uma conduta de dissimulação
do Homem de Preto 78

Capítulo 4 – A Parte Mais Honesta do Seu Corpo 79
Uma nota de rodapé evolutiva 79
Pés felizes à mesa de pôquer 81
Procurar pelo lucro debaixo da mesa pode
melhorar seu jogo de pôquer! 84
Descendo para os pés para que você
não seja derrotado 87

Capítulo 5 – Reações Corporais de Envolvimento 89
A deixa da intenção 89

Capítulo 6 – Uma Introdução às Reações Corporais de Alta
e Baixa Confiança 99
Perigo! Você não pode ler jogadores que
não conseguem avaliar o que têm em mãos 99
Algumas diretrizes gerais para a leitura
correta de reações corporais 100

Capítulo 7 – Demonstrações de Alta e Baixa Confiança 105
  Parte I: Reações Coporais
  que Desafiam a Gravidade 105
  Pés que se elevam são cartas que prestam 106
  Quando vir um queixo para cima se mover,
  é alguém pensando que pode vencer 106
  Nariz que se eleva para o ar quando
  a boa carta chegar 109
  Um arco com a sobrancelha:
  com Grouxo Marx se assemelha 109
  Sentar-se em posição ereta =
  boas cartas na reta 109
  . Ficar de pé pode significar uma mão boa 111
  Lançar as fichas para cima pode
  reduzir sua perda 113
  Decolar com dois ases distribuídos em
  sequência e um companheiro de bordo: um
  ás pode provocar uma reação corporal que
  desafia a gravidade 114

Capítulo 8 – Exibições de Alta e Baixa Confiança 115
  Parte II: Reações Corporais Territoriais 115
  A dimensão perto-longe 115
  A dimensão expansão-contração 117

Capítulo 9 – Demonstrações de Alta e Baixa Confiança 121
  Parte III: Reações Corporais das Mãos 121
  Mãos em forma de torre: uma reação corporal
  poderosa, de confiança alta 121
  Mãos unidas e dedos entrelaçados: reações
  corporais de baixa confiança 124
  Mãos que tremem: geralmente, suas
  fichas estão em risco 125
  Uma ficha contra o relógio 127
  Dois polegares para cima: a mão de pôquer
  conseguiu uma boa crítica 128

Capítulo 10 – Demonstrações de Alta e Baixa Confiança..... 129
  Parte IV: Reações Corporais da Boca 129
  Um sorriso falso e uma reação
  corporal verdadeira 130

Lábios apertados significam que alguém
está estressado; lábios relaxados são um sinal
de uma mão boa 131
Analisando algumas reações corporais dos
lábios, língua e dentes 135
O modo como você fala "diz" se você
está forte ou fraco 136
O sinal universal de que alguém escapou com
alguma coisa! 167
A reação corporal falante do professor 140

Capítulo 11 – Demonstrações de Alta e Baixa Confiança 145
Parte V: Reações Corporais dos Olhos 145
Bloqueio visual: notícias que
não conseguimos ver 145
Olhar para a pilha pode significar
ataque às fichas 148
Dilatação sugere alegria; contração
sugere aflição 149
Para além das reações corporais da pupila:
franzindo os olhos e olhos de *flash* 152
O aluno de Phil torna-se um bom pupilo e
revela a importância das reações corporais
dos olhos 155

Capítulo 12 – Comportamentos Tranquilizadores e Reações
Corporais de Pôquer 157
"Houston, nós temos um problema..." 158
Reações corporais tranquilizadoras que
devem ser observadas à mesa de pôquer 161
    Comportamentos tranquilizadores que
    envolvem o pescoço 161
    Comportamentos tranquilizadores
    que envolvem o rosto 164
    Comportamentos tranquilizadores
    que envolvem sons 164
    A limpeza das pernas 165
    O ventilador 166
    O autoabraço 169

Capítulo 13 – "Rumo a Hollywood" na Era da Gestão da
Percepção 173
Gestão da percepção 174

Quando o fingimento se torna doloroso 176
Uma pessoa que pratica o método "ocultar e não
revelar" está usando a gestão da percepção? 178
A Realidade acerca da gestão da percepção 178
Como usei a gestão da percepção
contra o mestre 179

Capítulo 14 – O que Você Deve Saber para
Vencer um Profissional 183
Afinal, quais são minhas chances ao jogar
contra um profissional? 184
Não deixe que a mística do profissional cause
um erro psicológico 184
O "efeito da pontuação no boliche" 185
Estabeleça o estado de espírito adequado para
derrotar os profissionais em seus próprios jogos .. 186
Quando você sabe, com antecedência, com qual
profissional irá jogar, estude essa pessoa e
poderá ganhar 188
Curta a lembrança... mas não a todo custo! 189

Capítulo 15 – Por quem as Reações Corporais Dobram 191
A decisão da Corte na mesa de pôquer 192
Leia bem as pessoas e será pelo seu oponente
que as reações corporais se dobrarão 192
Um pensamento final 193
Alguns pensamentos finais de Phil 193
Bibliografia 195
Índice Remissivo 199

Agradecimentos

Uma das alegrias em escrever um livro é conhecer e trabalhar com indivíduos muito talentosos e dedicados. Nossos sinceros agradecimentos vão para Matthew Benjamin, nosso editor na HarperCollins, que nos deu constante apoio e conselhos valiosos durante todas as fases deste projeto. Somos gratos à editora-chefe de produção Amy Vreeland e ao revisor Jim Gullickson, por identificar nossos erros de escrita e tornar o texto eminentemente mais legível. Reconhecimento especial também é devido aos dois senhores que montaram todo este projeto: Jeff Goldenberg e Brandon Rosen, da Post Oak Productions. Também gostaríamos de reconhecer as contribuições de Jim Lewis (empresário do Phil), Brian Balsbaugh (agente do Phil), Andrew Feldman (ESPN Poker Club) e dos campeões profissionais de pôquer John Bonetti, T. J. Cloutier, Annie Duke e Antonio Esfandiari. A foto da capa foi providenciada por Joe Coomber, enquanto as fotos internas do livro foram tiradas por Sonny Sensor (www.sonnyphoto.com). Paul Lord e sua equipe do Caesars Palace Poker Room em Las Vegas foram muito úteis, assim como a equipe do Seminole Hard Rock Hotel & Casino em Tampa: John Fontana, presidente; Russ Christianson, vice-presidente do Casino; Mary Lynn Babetski, gerente de propaganda; Gary Bitner, representante de relações públicas; e a equipe do Poker Room. Também gostaríamos de agradecer os indivíduos que apareceram em várias fotografias ao longo do livro: Soudara "Noi" Phrathep (*dealer* do cassino) e os jogadores Don Delitz, Amber Karlins, Robert Mercado e Richard Ollis. Para cada um de vocês, por favor, aceitem nossa gratidão por todos seus esforços em nosso benefício. Nós não poderíamos ter completado este projeto sem vocês!

Agradecimentos pessoais vão para minha família e meus amigos, especialmente ao dr. Juan Ling, M.D., por sua amizade nesses anos, que contribuíram diretamente para o meu envolvimento neste projeto. Minha gratidão também vai para o dr. David Givens, Ph.D., Marc Reeser, Elizabeth Barron e dr. Joyce Jackiewicz, Psi.D., por seu *insight* valioso.

Finalmente, quero agradecer ao homem que deu vida às minhas palavras, dr. Marvin Karlins. Ele me abençoou com sua amizade, transformando trabalho árduo em prazer.

Introdução

Reações Corporais Fazem Toda a Diferença!

Por Phil Hellmuth Jr.
Dez vezes Campeão Mundial de Pôquer

Quando sento em uma mesa de pôquer, jogo um jogo dentro do jogo: tento adivinhar exatamente quais são as duas cartas fechadas que meu oponente tem. Eu posso, geralmente, reduzi-las a pouquíssimas possibilidades e de vez em quando me aventuro a dar um palpite em voz alta quando me sinto confiante sobre elas. Cara, assusto os outros jogadores quando dou um palpite sobre as duas damas do meu principal oponente e ele então vira suas damas e diz: "Como é que ele consegue fazer isso?".

Como *faço* isso? Primeiramente, pela leitura das pessoas, observando e decifrando suas reações corporais, os comportamentos não verbais que revelam a força das cartas que estão segurando. É incrível quantos jogadores de pôquer, mesmo alguns profissionais de nível internacional, não percebem que estão transmitindo reações corporais que tornam suas mãos transparentes. Teria o mesmo efeito esses indivíduos virarem suas cartas para cima e jogar seu dinheiro fora.

Eu me lembro claramente de perceber uma reação corporal chave do meu famoso oponente no torneio World Series of Poker (WSOP) que acabei ganhando em 1997. Toda vez que esse oponente ia desistir, ele colocava suas fichas no meio do caminho para o pote* antes de chegar

---

*N.T.: O pote são as fichas ou o dinheiro que fica no centro da mesa e incorpora todas as apostas feitas pelos jogadores.

sua vez de agir. Assim, sempre que restávamos só eu e ele no jogo e ele estava contemplando minha jogada, ele empurrava suas fichas para o meio do caminho até o pote, se ele estivesse fraco. Em uma mão, o *flop** era A-9-8, e cheguei com meu 7-5. Ele apostou 14 mil dólares e comecei a pensar sobre o que eu queria fazer. Com 65 mil dólares restantes em fichas, era uma situação óbvia de desistência com meu *belly buster*** (sequência interna). Mas, de repente, ele empurrou suas fichas até o meio do caminho para o pote e eu soube que deveria apostar tudo! Apostei, ele desistiu e acabei ganhando meu quinto bracelete do WSOP.

Em outro torneio, no WSOP de 2001, restando duas mesas, percebi que sempre que o jogador sentado à minha direita aumentava a aposta, inclinava-se para trás na cadeira quando estava fraco. Da mesma forma, ele se inclinava para a frente quando estava forte. Toda vez que ele se inclinava para a frente, eu desistia. Toda vez que ele se inclinava para trás, eu aproveitava (relançava e ele desistia). Isso fez com que eu dobrasse as minhas fichas com absolutamente nada nas mãos, risco zero. Apenas uma reação física do meu oponente havia permitido que eu dobrasse minha pilha de fichas!

Foram experiências como essas, ao longo de anos, que me levaram a formular a "Regra do Torneio de Pôquer 70-30" de Hellmuth: o sucesso no jogo é 70% de leitura de pessoas e apenas 30% de leitura de cartas (compreensão da matemática e de aspectos técnicos do jogo). As reações corporais fazem toda a diferença!

Isso me levou a Joe Navarro, um homem que usa leituras corporais de forma tão bem-sucedida que ganhou o apelido de "Detector de Mentiras Humano". Prestei atenção em Joe pela primeira vez quando minha colega de profissão, Annie Duke, mencionou seu nome. Ela tinha estado em um programa de televisão com ele e se impressionou com sua habilidade para ler as pessoas e determinar se estavam mentindo ou dizendo a verdade. Aproximadamente um ano depois, o pessoal do Camp Hellmuth, meu acampamento de pôquer *fantasy* (que atualmente se fundiu com a WSOP Academy), disse-me que tinham contratado Joe para apresentar uma palestra sobre reações corporais para os participantes do acampamento. Eu mal sabia naquela época que ele iria receber as melhores notas e elogios dos campistas por sua apresentação do que por qualquer outra apresentação oferecida, incluindo a minha! De fato, T. J. Cloutier e eu usamos três páginas para tomar notas durante a

---
*N.T.: São as três primeiras cartas comunitárias. O termo é usado nos jogos de Texas Hold'em e Omaha.
**N.T.: Sequência de cartas em que falta a carta do meio. Também conhecida como *gutshot*.

apresentação de uma hora feita por Joe, o que demonstrou claramente a importância que demos a tudo o que estávamos ouvindo. Mais tarde, nós dois exprimimos nosso espanto diante do fato de que tínhamos tomado *alguma* nota, ainda mais três páginas inteiras, já que nenhum de nós tinha tomado notas em palestra anterior sobre pôquer.

Eu estava tão impressionado com Joe que o convidei para ser parte do projeto iAmplify.com, no qual ele fornece "explosões" de 5 a 20 minutos em formato de MP3 e MP4 para iPods e telefones celulares sobre as reações corporais não verbais. Veja, Joe estudava e usava esses comportamentos não verbais para detectar mentiras e resolver casos envolvendo criminosos e terroristas internacionais durante sua carreira bem-sucedida de 25 anos como agente especial do FBI. Sua informação está embasada por uma ciência de ponta, do tipo que pode ajudar jogadores de pôquer *e* o governo dos Estados Unidos a detectar e decifrar o que seus oponentes farão.

Joe também faz consultorias individuais com jogadores *top* de pôquer ao redor do mundo. Nessas sessões um a um, ele faz com que os jogadores saibam quais são as reações corporais que eles exprimem, mas não revela essas reações corporais para seus competidores. Fui um dos beneficiários dessa oportunidade de consultoria. Acontece que Joe havia me visto jogar em um torneio *No-Limit Hold'em* na televisão e notou que eu tinha uma reação corporal flagrante. Toda vez que blefava, eu cruzava meus braços ao redor do corpo em um tipo de abraço tranquilizador. A má notícia era que os outros jogadores da mesa perceberam minha reação corporal não verbal e me zeraram. Esse pequeno gesto acabou me custando 250 mil dólares. A boa notícia foi que Joe me informou dessa reação corporal e meus dias de abraço terminaram!

Neste livro, Joe apresenta a você informações científicas inestimáveis sobre reações corporais, do tipo que pode fazer a diferença entre ganhar e perder em uma mesa de pôquer. Essa informação nunca foi apresentada, exceto nos seminários do Camp Hellmuth. *Leva o pôquer a um novo nível e dá aos jogadores uma escolha: eles podem abrir o livro e lê-lo ou se tornarem um livro aberto que outros poderão ler.*

Se T. J. Cloutier e eu pudemos achar informações valiosas suficientes no material de Joe para tomarmos três páginas de notas na palestra dele, imagine o que você vai tirar deste livro. A informação que você precisa para ler melhor as pessoas pela observação de suas reações corporais e, da mesma forma, ocultar suas próprias reações corporais é revelada nestas páginas. Se você é mesmo astuto, talvez aprenda a expressar reações corporais falsas de força quando você, na verdade, está fraco, e de fraqueza quando você, de fato, está forte. Que o jogo comece!

    Deixe-me terminar com isto: eu aposto que este livro se pagará na primeira vez em que você se sentar em uma mesa de pôquer. Boa sorte!

Prefácio

Conheça o Homem que Mudará a Cara do Pôquer e a sua Expressão de Blefe.

Por Marvin Karlins, Ph.D.

17 de abril de 1971. Tudo aconteceu muito rápido naquele dia de primavera cálido em Hialeah, Flórida. Dois ladrões empunhando facas entraram pelos fundos da loja Richard's Department Store enquanto o gerente gritava por ajuda. Eles correram para a frente do prédio sabendo que, ao passarem por aquelas portas, poderiam desaparecer na rua lotada de gente. Um funcionário, um garoto de 17 anos cursando o último ano do Ensino Médio, movimentou-se para interceptá-los, bloqueando sua rota de fuga. O confronto foi curto e violento. Em questão de segundos, o jovem desarmou um assaltante e derrubou o outro, mas ele próprio caiu ao chão e foi esfaqueado tão severamente que levou 180 pontos para fechar seu ferimento. Sua ação rápida levou à prisão dos dois assaltantes. Pouco tempo depois, esse jovem recebeu uma carta pessoal do presidente dos Estados Unidos, elogiando seu heroísmo por ter frustrado o roubo.

9 de julho de 1987. Era um caso extremamente sério de espionagem: um soldado americano tinha tentado obter materiais ultrassecreto muito perigosos; materiais que, pela definição do procurador geral, poderiam causar um dano grave, irreparável, aos Estados Unidos e seus aliados. Enquanto o homem era interrogado, investigadores convenceram-se de que ele não estava agindo sozinho. Embora estivesse disposto a discutir seu envolvimento no caso, recusava-se a comprometer seus cúmplices na conspiração. Tentativas de apelar para seu senso de patriotismo e para a preocupação com milhões de pessoas que ele estava colocando em perigo não tiveram nenhum efeito. As coisas estavam em um impasse. Um Agente Especial foi chamado, um homem que tinha uma ideia de como conseguir informações tão urgentes. Primeiro, foi compilada uma lista com todos os possíveis cúmplices. Nela, estavam os nomes de 32 homens que tinham acesso aos materiais ultrassecretos. Então, cada nome foi colocado em um cartão. Finalmente, todos os cartões foram mostrados ao soldado, um de cada vez, e foi pedido que ele dissesse, em termos gerais, o que sabia sobre cada indivíduo. O Agente Especial não estava preocupado com as respostas do soldado; pelo contrário, estava observando seu rosto. Quando o homem viu dois nomes em particular, suas sobrancelhas ergueram-se um pouco e então as pupilas de seus olhos contraíram. O Agente Especial, um especialista na leitura da "linguagem corporal", soube que o arqueamento da sobrancelha significava reconhecimento e a contração da pupila indicava uma reação a uma ameaça. Era tudo de que precisava saber. Ele juntou os cartões e saiu. No dia seguinte, voltou com duas fotografias dos homens que tinham provocado aquelas reações no soldado e disse: "Fale-me sobre esse e esse aqui...". Os olhos do soldado arregalaram-se. "Como você soube?", ele perguntou atônito. O Agente Especial disse: "Você realmente acha que é o único que está colaborando comigo?". Nesse ponto, o soldado disse: "Aqueles filhos da mãe!", e começou a botar tudo para fora. Todos os três homens foram condenados por espionagem.

14 de outubro de 2005. O observador levantou-se levemente da cadeira para conseguir uma visão melhor dos monitores de TV e olhou atentamente para a transmissão do World Poker Tour (WPT) na tela de alta definição. Poucos minutos depois, recuperou um DVD dos movimentos da mesa final do World Series of Poker e reviu três vezes uma mão em particular. Ele pegou uma caneta e anotou suas observações em um bloco, em cima de sua mesa.

Do lado de fora da sala, um escritor aproximou-se do observador. "Você foi capaz de identificar algumas reações corporais?", o escritor perguntou.

O observador acenou com a cabeça afirmativamente. "Os jogadores que estudei deram, todos, dicas não verbais que poderiam ter sido usadas para determinar a força de suas mãos e/ou se eles pretendiam apostar."

O escritor estava atônito. "Mas você estava assistindo a *profissionais*. Eu pensei que somente jogadores amadores fossem culpados de expressarem reações corporais."

"Não é verdade", o observador insistiu. "Tenho conseguido identificar reações corporais em todos os grandes torneios que estudei."

"Caras como, digamos, Doyle Brunson?"

"Sim."

"Phil Ivey?"

"Ele também."

"Phil Hellmuth?"

"Volte e leia a introdução deste livro", o observador brincou.

"E o Chris Ferguson?"

"Chris é difícil de ser lido", o observador admitiu, "mas no final detectei uma reação corporal importante".

O escritor coçou o queixo com sua mão direita. "Essa é uma informação extremamente útil, tenho certeza de que você poderia vendê-la por muito dinheiro."

"Eu poderia," o observador concordou, "mas não farei isso porque seria antiético".

Bem-vindo ao mundo de Joe Navarro, herói adolescente, agente especial de contraespionagem e contraterrorismo do FBI, recentemente aposentado, e consultor de jogadores de pôquer profissionais e futuros profissionais ao redor do mundo.

Joe é um dos mocinhos. Ele tem fala mansa, é inteligente, pensativo e amável... um tipo de Joe Friday com personalidade. Ele é o tipo de pessoa que você teria orgulho de ter em sua casa, o tipo de convidado que você adoraria chamar para que pudesse se sentar à sua frente e trocar ideias na mesa de jantar.

Só *não* o convide para sentar diante de você em uma mesa de pôquer... pelo menos até você ler este livro; caso contrário, você estará em um caminho rápido para a ruína financeira. Acontece que Joe passou toda a sua carreira estudando, refinando e aplicando a ciência do comportamento não verbal para decifrar o que você está pensando, como pretende agir e se os seus pronunciamentos são verdadeiros ou falsos. Essa *não* é uma boa notícia para seus oponentes no pôquer, que, sob seu escrutínio cuidadoso, em geral deixam transparecer reações corporais não verbais mais do que suficientes, tornando suas cartas *e* seus movimentos basicamente transparentes.

Quando encontrei Joe pela primeira vez, perguntei a ele: "Como é que um homem que passou 25 anos perseguindo caras malvados para o FBI acabou se envolvendo com um bando de jogadores de pôquer?". Parecia uma combinação estranha.

"Aconteceu por acaso", ele explicou. "Em 2004, o Discovery Channel me pediu para participar de um programa chamado *More Than Human*. A ideia do programa era ver se as pessoas eram superiores às máquinas quando se tratava de detectar se alguém estava mentindo ou dizendo a verdade. A equipe de televisão que desenvolveu o roteiro selecionou três indivíduos cujas ocupações envolviam detecção de mentiras: um psicólogo chamado dr. Louis Turi; Annie Duke, campeã mundial de pôquer; e eu. Nós deveríamos enfrentar as três máquinas desenhadas para cumprir o mesmo objetivo: um polígrafo, um analisador de estresse na voz e um aparato de detecção de dilatação na pupila. O desafio era ver quem poderia dizer melhor se um ator estava mentindo ou falando a verdade, com base em 25 declarações verbais feitas por ele. Acabou que o Dr. Turi acertou menos de 50%, enquanto Annie e eu detectamos a resposta correta em 18 de um total de 25 vezes – o que, aliás, superou duas das três máquinas em precisão."

"Você ficou surpreso por Annie ter ido tão bem?", perguntei.

"Isso foi interessante!", Joe exclamou. "Enquanto éramos testados na nossa habilidade de detectar mentiras, notei que Annie procurava por muitas das mesmas coisas que eu estava procurando. Ela não usou os mesmos nomes que usei para o que ela via, mas sua habilidade para ler as pessoas era extremamente precisa. Naturalmente, conversamos a respeito. Annie é uma pessoa extremamente encantadora, engraçada, extrovertida... muito agradável e cheia de histórias. Aqueles que a viram jogar pôquer na televisão, onde ela é muito focada, provavelmente ficariam chocados ao saber da sua natureza gregária."

Mencionei que Annie escreveu um artigo na revista *Bluff,* no qual ela declarou que encontrar Joe "provocou uma virada no meu jogo *No Limit Hold'em*", e quando ele forneceu para ela informações adicionais sobre seu trabalho com reações corporais não verbais: "meu jogo de pôquer saltou para o nível seguinte".

Joe sorriu e retribuiu o elogio: "Encontrar Annie Duke foi uma virada para mim também; foi ela quem me levou para o pôquer. Foi por meio de nossas conversas que percebi que as habilidades que eu tinha usado para "ler as pessoas" e revelar mentiras em meus 25 anos com o FBI também eram aplicáveis em uma mesa de pôquer. Graças à Annie, tive um novo foro onde poderia estudar o comportamento humano e, ao mesmo tempo, ensinar jogadores de pôquer a alcançar um maior sucesso pelo reconhecimento das reações corporais de seus oponentes, enquanto, ao mesmo tempo, escondem suas próprias".

Levando as reações corporais do pôquer para o nível seguinte

Após entrevistar Joe e comparecer a suas palestras, acredito firmemente que o material deste livro irá revolucionar nossa compreensão do comportamento não verbal nas mesas de pôquer. Digo isso como um psicólogo treinado, que se envolveu na escrita deste livro porque me animei com o sucesso pioneiro de Joe em aproveitar o conhecimento científico para jogar pôquer de forma mais eficaz. Este é o primeiro livro sobre reações corporais de pôquer baseado em fato científico em vez de se basear em opinião pessoal. É também a primeira obra que se baseia no conhecimento do cérebro humano para desenvolver e criar poderosas táticas de jogo que não foram reveladas antes.

Como participante dos maiores torneios de pôquer, também me impressionei com o trabalho de Joe em um nível pessoal. Seguindo suas recomendações, tornei-me um jogador melhor, um oponente mais formidável. Você também se tornará. Os *insights* de Joe permitirão que você detecte e decifre todo um novo conjunto de reações corporais desconhecidas até agora, muitas delas tão sutis e inócuas que será somente pelo seu novo conhecimento que você estará apto a identificá-las nos outros, enquanto segue os passos para eliminar essas reações corporais no seu próprio jogo.

Muito do que Joe compartilhará com você neste livro não era reconhecido há 15 anos. Foi somente com os avanços recentes na tecnologia de escaneamento cerebral e das imagens neurais que os cientistas se tornaram capazes de estabelecer a validade dos comportamentos descritos por Joe. Extraindo das últimas descobertas na psicologia, neurobiologia, medicina, sociologia, criminologia, estudos de comunicação e antropologia – além dos 25 anos de experiência prática utilizando o comportamento não verbal em seu trabalho como Agente Especial do FBI –, Joe o ajudará a determinar se aquele grande apostador do outro lado da mesa realmente tem o melhor jogo ou se está blefando. Ao longo da trajetória, você descobrirá que as reações corporais que treinou para identificar na mesa de pôquer também podem servir para *todas* as suas interações pessoais, seja namorando, lidando com seus filhos, conduzindo ou dando uma boa entrevista, comprando um carro ou até mesmo decidindo quando pedir um aumento para seu chefe.

A melhor parte é que a informação que está aqui pode ser usada *ao longo* de cada sessão de pôquer. Nesse sentido, os *insights* de Navarro são melhores do que ases fechados: como um par de ases na primeira distribuição, eles dão ao jogador uma poderosa vantagem; mas, enquanto os ases fechados aparecem somente uma vez a cada 221 mãos, os *insights* de Navarro podem ser usados em todas as mãos!

Sabemos que as recomendações de Joe funcionam: testemunhos de campeões mundiais de pôquer atestam isso; bem como os participantes do Camp Hellmuth, que disseram ter usado a estratégia de Navarro para recuperar os custos que tiveram com a palestra e muito mais, em apenas poucas horas de jogo nas mesas.

Então, prepare-se para entrar no bravo novo mundo do pôquer. Seu bilhete de entrada é uma leitura cuidadosa dos capítulos que se seguem, além do compromisso de investir tempo e esforço para aprender e aplicar os ensinamentos de Joe na mesa. Acredito que você considerará seus esforços bem despendidos. Lembre-se: haverá, literalmente, milhões de jogadores que *não* leram este livro ou não estão dispostos a dedicar o esforço necessário para usar o que aprenderam e ganhar benefícios significativos. Isso lhe dá uma tremenda vantagem. Aproveite sua vantagem ao máximo e, enquanto observa seus oponentes do outro lado da mesa, você será capaz de...

"Ler e tirar proveito!"
Você pode apostar nisso.

Capítulo 1

Como se Tornar uma Ameaça Séria em uma Mesa de Pôquer

Presumo que você queira fazer o seu melhor quando se senta em uma mesa de pôquer. Não importa qual seja seu nível, amador ou profissional, iniciante ou veterano de longa data, sei que você gastou seu dinheiro neste livro para melhorar seu jogo. Por outro lado, quero que você termine sabendo que pode usar o que aprendeu para alcançar esse objetivo.

Tratarei exatamente como trato os agentes especiais do FBI que eu treino. Não é uma comparação sem sentido. Levo minhas atribuições muito a sério porque sei que o que estou ensinando pode fazer a diferença entre a vida e a morte no trabalho de um agente. Para vocês, entusiastas do pôquer, a consequência de não aprender ou usar o que estou apresentando não os matará, mas poderá ser prejudicial para o bem-estar financeiro. Então, veremos o que podemos fazer para manter sua conta saudável.

Uma lição da faculdade de medicina

Os estudantes de medicina do primeiro ano encheram o anfiteatro para sua última aula do curso de fisiologia humana com o dr. Patel. Ele era o professor mais antigo da universidade, com uma reputação de disciplinador rígido; portanto, quando ele chegou com sua maleta médica, presa firmemente em sua mão direita, nenhum som foi ouvido na sala oval.

Dr. Patel subiu à plataforma, tirou uma proveta com fluido amarelo da sua maleta e a colocou no púlpito diante de si. "Tenho um assunto que quero discutir com vocês hoje", ele começou, com um indício de raiva na voz. "Ouvi um rumor por aqui de que alguns de vocês acham que estamos exigindo demais; que os trabalhos são muito difíceis, os períodos muito longos." O médico fez uma pausa e observou os rostos dos estudantes que sentavam nos assentos à sua frente. "Bem, deixem-me dizer-lhes algo", ele falou com severidade. "Vocês não sabem como está fácil! Quando *eu* estava na faculdade de medicina, trabalhávamos tanto e tão duramente quanto vocês, e não tínhamos as instalações caras e os laboratórios modernos que vocês todos têm. Por exemplo", ele perguntou para a classe, "como vocês examinam o diabetes?".

Uma estudante da terceira fileira falou: "Bem, você pode coletar uma amostra de urina e enviá-la para o laboratório analisar".

"Certo", dr. Patel respondeu. "E depois?"

A moça se remexeu no assento. "Você pega o relatório do laboratório e toma uma decisão sobre o tratamento, baseada nos resultados."

"Exatamente", exclamou o médico. "Bem, na minha época não tínhamos todos esses belos laboratórios e clínicas de diagnóstico. Muitas vezes tínhamos que, nós mesmos, fazer os exames, sem ajuda de ninguém. Por exemplo, você sabe como *eu* tinha de fazer o exame para diabetes?"

A mulher balançou sua cabeça e disse: "Não".

"Eu lhe digo como: *sabor.*"

Dessa vez, a mulher balançou a cabeça em um sinal de descrédito.

"É isso mesmo", o médico afirmou. "Se a amostra era doce, bem, o paciente tinha um problema." Ele pegou a proveta cheia de fluido amarelo. "Essa é uma amostra de urina do laboratório. E vocês querem saber? Eu nunca perdi minhas habilidades de diagnóstico." Tendo dito isso, os estudantes viram-no mergulhar seu dedo na urina e o lamber.

"Isso é *nojento"*, afirmou a estudante de medicina, com a expressão facial lembrando a de alguém que tivesse engolido limonada sem açúcar. Um coro de reações similares por toda a sala indicou que sua repulsa não era solitária.

"Ei, pelo menos não é diabetes", o médico declarou, secando sua mão em um lenço que ele tirou do seu avental. O gesto não pareceu atenuar a agitação dos alunos por testemunharem o "diagnóstico". Eles continuaram conversando entre si, em sussurros, até que o dr. Patel, por fim, ordenou que ficassem calados.

"Agora, suponho que alguns de vocês estão pensando por que tramei essa pequena demonstração," ele prosseguiu, colocando a proveta de volta no púlpito. "Na verdade, há duas razões. A primeira, para lembrar-lhes que a faculdade de medicina nunca foi fácil, e se vocês não podem aguentar a pressão, talvez esse seja um bom momento para desistir. Agora, como um último lembrete de como a educação médica é difícil, quero que cada um de vocês venha aqui e faça exatamente o que eu fiz." O médico balançou a proveta cheia de urina. "Quero que vocês 'saboreiem' o quanto a faculdade de medicina pode ser difícil."

Ninguém saiu de seus lugares.

"Vamos, este não é momento para ficarem tímidos."

Ninguém se mexeu.

"Que tal, então, uma pequena persuasão suave", o médico sugeriu. "Vocês precisam passar neste curso para continuarem os estudos... então, se vocês *não* fizerem o que estou dizendo, vou reprová-los e tirá-los da faculdade de medicina."

Isso pareceu funcionar. Relutantes, com lentidão e desânimo evidente, os estudantes se aproximaram do púlpito, mergulharam seus dedos na proveta, experimentaram a urina e correram para o banheiro antes de retornarem a seus lugares.

Assim que todos voltaram, o médico começou a falar novamente: "Tão importante quanto a primeira razão para essa pequena demonstração, a segunda é ainda mais grave." Reservando um tempo para colocar a proveta em sua maleta médica, dr. Patel fez uma pausa para enfatizar ainda mais suas palavras.

"A segunda razão para a demonstração com a urina é ensiná-los a importância da *observação* no seu trabalho como médicos. Algum dia, vocês poderão examinar um paciente que lhes diz algo, enquanto sua linguagem corporal está dizendo outra coisa. Se você o estiver observando de perto, poderá perceber essa discrepância e fazer um diagnóstico mais preciso e informado.

Quão importante é a observação?", dr. Patel deixou transparecer uma sugestão de sorriso para pontuar suas palavras finais. "Bem, se vocês tivessem me observado de perto, teriam percebido que mergulhei meu dedo indicador na urina, mas lambi meu dedo do meio!"

Observação meticulosa: a base da nossa estratégia de pôquer

Eu suspeito que o dr. Patel seja um personagem fictício e a "história da faculdade de medicina", outro exemplo de lenda urbana. De qualquer maneira, incluí esse conto porque levanta um ponto importante. Se ele praticasse o que pregou, dr. Patel teria sido uma força formidável na mesa de pôquer. Isso porque a observação – observação meticulosa (difícil) – é absolutamente essencial para ler as pessoas e detectar com sucesso suas reações corporais.

O problema é que a maioria das pessoas passa suas vidas *olhando*, mas não realmente *vendo*; ou seja, elas enxergam o que as cerca com uma quantidade mínima de esforço observador para sobreviver. Essas pessoas estão alheias às mudanças sutis que ocorrem em seus mundos. Elas não estão propensas a perceber a rica trama de detalhes que as cerca, menos ainda distinguir entre o dedo indicador ou do meio sendo mergulhado na urina... ou um gesto de mão do outro lado da mesa de pôquer, que indica força ou fraqueza nas cartas fechadas do oponente.

Esses indivíduos destituídos de observação carecem daquilo a que os pilotos se referem como "percepção situacional", um discernimento de onde se está em todos os momentos; eles não têm uma imagem mental sólida do que exatamente está ocorrendo à sua volta. Peça-lhes para entrarem em uma sala desconhecida cheia de pessoas, dê-lhes a oportunidade de olharem em volta e então peça-lhes para fecharem os olhos e dizerem o que viram. Você poderá se perguntar como eles se viram sem um cão guia.

Essas são as pessoas que sempre parecem ser pegas de surpresa pelos acontecimentos da vida.

"Minha esposa pediu o divórcio. Eu nunca imaginei que ela se sentisse assim."

"Meu filho usa drogas há cinco anos; eu não fazia ideia."

"Eu estava discutindo com esse cara e do nada o idiota me socou. Não pude prever."

"O jogador do outro lado da mesa blefou. Como eu poderia saber que ele não tinha nada?"

Esses são os tipos de declarações feitas por homens e mulheres que nunca aprenderam a observar com eficácia o mundo à sua volta. Esse tipo de inadequação, de fato, não é surpreendente. Afinal de contas, enquanto deixamos de ser crianças e nos tornamos adultos, nunca somos ensinados a observar; não há aulas no Ensino Fundamental, no Ensino Médio ou na faculdade que nos ensinem a observar. Se você tiver sorte, você mesmo se ensina a observar o mundo; se você não tiver, perde uma quantidade incrível de informações úteis que poderiam ajudá-lo a atingir seus objetivos na vida.

Porém, há boas notícias: a observação é uma habilidade que pode ser aprendida. Além disso, por ser uma habilidade, podemos melhorá-la com o tipo certo de treino e de prática. E porque a observação é tão essencial para ter sucesso em um jogo como Texas Hold'em é onde temos de começar nossa jornada até o nível seguinte do pôquer, aquele nível elevado, no qual suas habilidades aprimoradas para detectar reações corporais alheias (e ocultar as suas próprias) aumentará suas chances de ganhar nas mesas.

A jornada, entretanto, traz um custo. Demandará tempo e energia de sua parte para alcançar seu destino. Se você não está disposto a estabelecer esse compromisso, então nunca alcançará seu potencial pleno de vitórias como um jogador de pôquer. Na verdade, todo o conhecimento contido neste livro será útil somente se você fizer um esforço dedicado para utilizá-lo nas mesas. Se você for jogar pôquer por dinheiro, acredito que o custo valha a pena.

Aprendendo a observar com eficácia

Seu sucesso em ler as pessoas em um jogo de pôquer é governado por sua habilidade para observar os comportamentos delas com eficácia. Aqui estão alguns passos que você pode seguir para se tornar um observador mais eficiente.

1. **Fazer da observação um modo de vida.** Observação eficaz não é um ato passivo. É um comportamento consciente, deliberado; algo que exige esforço, energia e concentração para ser conquistado e *prática constante* para ser mantido. O melhor caminho para se tornar um observador eficiente, então, é observar *cuidadosamente* o seu mundo, o tempo todo. Por favor, não se iluda pensando que você pode "desligar" a sua observação, exceto quando estiver em uma mesa de pôquer. Não funciona dessa maneira. Você deve começar a observar no minuto em que acorda de manhã e começa a interagir com o mundo à sua volta. Você precisa continuar observando até a hora em que você for se deitar, à noite. *Observação meticulosa deve se tornar um hábito.* Uma vez que você se treina para se tornar um observador integral no seu dia a dia, você será um observador mais eficaz quando participar de uma mesa de pôquer. Sua observação será mais natural, mais costumeira, e você não ficará extasiado com a enorme quantidade de informação que terá de processar. É incrível o quanto mais você

notará depois que tiver desenvolvido suas habilidades de observação por meio de uma prática constante.
2. **Não abandonar o hábito de observação.** Observação – seja lendo as reações corporais não verbais à mesa ou assistindo ao que está acontecendo ao seu redor enquanto caminha na rua – é uma habilidade perecível. Se você parar de usá-la, ela se enfraquecerá, deteriorará, atrofiará. Observar é como falar outro idioma ou praticar um esporte: se você não trabalhar nisso, ficará enferrujado e sua competência diminuirá.
3. **Afiar suas habilidades (ou manter um nível alto de habilidades) por meio de jogos de observação.** Habilidades de observação são aperfeiçoadas e/ou mantidas em níveis altos com prática e um dos melhores jeitos de praticar é o "jogo da memória". Esse jogo pode ser jogado a qualquer momento, em qualquer lugar e quantas vezes você desejar. Envolve observar algo que ocorre no seu comportamento do dia a dia – por exemplo, entrar em uma sala – e, então, fechar seus olhos e tentar lembrar, com o máximo de detalhes possível, o que você viu. No início, você achará difícil lembrar-se de alguma coisa. Porém, na medida em que você continuar a se engajar nesse exercício, ficará espantado com o quanto progredirá na reconstrução de uma imagem mental precisa do ambiente físico com que se deparou. Você se lembrará de uma quantidade maior de objetos importantes do ambiente, mas não só isso, também começará a se lembrar de pequenos detalhes.

Eu joguei esses jogos com tanta frequência que eles se tornaram parte integrada e automática da minha observação cotidiana. Desenvolvi meu "músculo da observação" a um ponto em que posso visitar um amigo ou amiga em sua casa e, na hora em que entro pela porta da frente, tenho uma imagem mental precisa da vizinhança: os tipos de veículos estacionados na rua, um homem cortando o seu gramado três casas adiante, uma casa onde dois jornais estão na entrada, um pedaço de metal no meio do gramado da casa vizinha e, do outro lado da rua, um trecho particularmente verde de grama ao lado da casa.

Admito prontamente que sempre fui fascinado pelo que ocorre ao meu redor e, é claro, ganho meu sustento estudando o comportamento dos outros; então minha paixão por jogos de observação provavelmente excederá a sua. Além do mais, acho que eles são uma ótima maneira para desenvolver seus poderes visuais e também ajudá-lo a medir seu progresso na excelência em observação.

Um segundo jogo, especialmente útil para jogadores de pôquer, é o desafio "o que essa observação sugere". Novamente, você tentará observar e lembrar-se do que está no seu entorno, mas agora, além disso, seu desafio será descobrir que conhecimento você pode obter do que viu à sua volta.

Utilizando a visita à vizinhança que acabei de descrever, o que posso concluir do que vi? (1) O homem cortando o gramado provavelmente morava na casa, já que não havia veículos de manutenção de gramados estacionados na rua; (2) os jornais na entrada sugerem que ninguém esteve na casa nos últimos dois dias; (3) o pedaço de metal na parte desgastada do gramado da casa vizinha era, provavelmente, onde o vizinho mantinha seu cachorro; (4) a parte mais verde do gramado do outro lado da rua indicava ser possível que o dono tinha um sistema de irrigação do jardim.

Nesse jogo, é divertido ver se suas hipóteses estão corretas, mas, mesmo quando não estiverem, você ainda estará afiando suas habilidades de observação ao aprender a prestar uma atenção mais cuidadosa ao seu entorno e, ao mesmo tempo, treinar para extrair mais informações do que você vê. Esses dois hábitos servirão bem em uma mesa de pôquer, na medida em que você aprende a observar seus oponentes de forma mais efetiva e a decifrar o que seus comportamentos realmente significam.

4. **Expandir o alcance da sua observação.** Algumas pessoas têm observação de um ângulo estreito – elas veem o que está diretamente na frente delas, e esse é basicamente o alcance de sua visão do mundo. Outras têm um ângulo mais amplo de visão e são capazes de expandir a área que observam. É óbvio, quanto mais amplo seu campo de observação, melhor. Observações amplas aumentam suas chances de ver coisas que, em outras circunstâncias, poderia deixar escapar, conseguindo informações que, de outra forma, você poderia perder.

Aqui vai um experimento para você fazer. Estique seus braços, distanciando-os do seu corpo; levante os ombros e vire suas mãos para dentro. Agora, mexa os dedos. Se você puder vê-los se mexerem, esse é seu campo de visão. Se você não puder vê-los, então aproxime seus braços até poder vê-los. Quando você identificar seus dedos, saberá que esse é o campo visual potencial que você pode observar.

Muitas pessoas não tiram vantagem de todo o seu campo de visão quando se trata de observar. Elas limitam sua observação ao que está diretamente diante delas – no centro de seu campo de visão, em vez de expandir seu alcance para envolver sua área total de visão. Aprenda a esticar seu campo de visão; a vida é mais do que o que está bem na sua frente! Com prática, você se tornará capaz de olhar para a frente e desenvolver linhas de visão muito mais abrangentes. Você ficará encantado com quanto mais poderá ver. Isso será muito valioso quando você estiver em uma mesa de pôquer e quiser observar melhor seus oponentes, sem ter de virar sua cabeça e/ou se deslocar no seu lugar o tempo todo.

Observação eficaz na mesa de pôquer

O principal objetivo da observação na mesa de pôquer é a coleta de informações – você vai querer saber o mais que puder sobre cada um dos seus oponentes à mesa. Pense no pôquer como uma guerra e nos seus adversários como seus inimigos. Quero que você colete informações sobre cada um deles porque, se tiver de encará-los em um combate carta a carta, suas informações poderão fazer a diferença entre a vitória e a derrota.

Uma boa coleta de informações requer observação habilidosa, já que você precisa observar as ações de algo entre um a nove outros jogadores, algumas vezes durante horas. Nos capítulos seguintes, eu lhe direi os comportamentos específicos que você deverá procurar. Sua tarefa se tornará mais fácil, se restringir a variedade de comportamentos que você precisa observar, processar e lembrar. Mas não tornará seu trabalho simples! Longe disso. Na verdade, ler as pessoas em uma mesa de pôquer é trabalho duro e intenso, e qualquer um que o fizer bem feito ficará exausto depois de um dia às mesas.

Vale a pena? Quando você perceber que 70% do sucesso no pôquer vem da leitura das pessoas e 30% da leitura das cartas, você decidirá. Apenas lembre-se de que a maioria dos jogadores já sabe como jogar suas cartas (os aspectos matemáticos e técnicos do jogo). Pouquíssimos são competentes no que diz respeito às habilidades de leitura das pessoas que estamos examinando. Assim, a leitura de pessoas não é apenas mais importante do que a leitura de cartas, mas é feita de forma eficaz por somente um pequeno número de jogadores. Isso lhe dará – se você puder alcançar a proficiência na leitura da comunicação não verbal – uma vantagem dobrada sobre a maioria dos seus adversários.

Jogadores em meus seminários perguntam com frequência: "Joe, qual a melhor maneira de observar as mesas?". Essa é uma boa pergunta, porque uma observação inapropriada algumas vezes pode trazer mais prejuízos que lucros.

Eu recomendo que você comece sua observação no momento em que chegar à mesa, mesmo que o jogo (ou torneio) ainda esteja para começar. Quando tomo meu lugar, a primeira coisa que faço é olhar para os outros jogadores, tentando identificar alguma informação que possa revelar suas reações corporais ou estilos de jogo. Algumas vezes, você pode de fato reconhecer um jogador. Se você sabe quem é ele ou ela, deve saber também alguma coisa sobre como ele ou ela joga. Por exemplo, Gus Hansen é conhecido como um jogador superagressivo. Bem, se ele estivesse sentado à sua mesa, essa seria uma informação importante para saber. Também noto como as pessoas estão vestidas. Se vejo pessoas vestindo roupas de pôquer, posso concluir que são mais bem informadas e mais interessadas no jogo do que um cara que está vestindo uma camiseta com o nome da sua companhia de seguros estampado no bolso. Posso até perguntar para o cara do seguro: "Você joga com frequência?" ou "Esse é o seu primeiro torneio?". Ele pode indicar ser um novato; outra vez, uma informação importante para se ter. Tento ver se consigo identificar alguns tipos de personalidades: extrovertida, introvertida, agressiva, conservadora, tímida. Isso pode fornecer alguns *insights* sobre seus estilos de jogo. Talvez eu detecte alguém que é do tipo obsessivo-compulsivo, fichas empilhadas meticulosamente, o porta-cartas posicionado com a mesma meticulosidade. Isso sugere que é provável que a pessoa seja sistemática, podendo ter padrões de jogo previsíveis.

Também procuro por *comportamentos-base*: como as pessoas se sentam, onde posicionam suas mãos, a posição de seus pés, sua postura, sua expressão facial, até mesmo o ritmo de sua mastigação se estiverem com chiclete na boca – qualquer coisa que possa me ajudar a lê-las de forma mais eficiente quando o jogo começar. Estabelecer o comportamento-base do jogador é essencial, porque lhe permite determinar quando ele ou ela se desvia dele, o que pode ser muito importante. Por exemplo, ao notar onde seus oponentes costumam colocar as mãos na mesa, você estará em uma posição excelente para conseguir informações valiosas se, durante fases críticas do jogo, as mãos dele se movimentarem para a frente ou para trás de onde ele normalmente as posiciona.

Uma vez que as cartas são distribuídas, procurarei por comportamentos específicos que representam reações corporais significativas. Esses comportamentos são chamados de *reações corporais genéricas*, porque são exibidos pela maioria dos jogadores e, em geral, pelas mesmas razões. Por exemplo, quando uma jogadora é superprotetora com suas cartas, e/ou deixa suas fichas no pote, é provável ela ter uma mão forte. Como foi mencionado antes, essas reações corporais genéricas serão descritas nos capítulos a seguir. Também procuro por reações corporais idiossincráticas, que são peculiares de um indivíduo específico e podem me ajudar a determinar a força de sua mão ou o que ele pretende fazer. Por exemplo, um jogador famoso usa sua mão esquerda para recuperar suas fichas se ele pretende fazer uma aposta, e sua mão direita, se ele planeja aumentar.

Estou coletando dados o tempo todo e procurando *padrões de comportamento*. Se você vir uma pessoa olhar suas cartas, morder os lábios e então desistir quando for a vez dela de agir, você irá querer saber se é um ato aleatório ou uma reação corporal confiável. Se ela fizer isso de novo e de novo sob as mesmas circunstâncias, você poderá deduzir que essa é uma informação valiosa que pode usar contra ela, lembrando que *o melhor previsor do comportamento futuro é o comportamento passado.*

Eu também estou interessado em observar nos meus oponentes *reações corporais múltiplas,* comportamentos não verbais que ocorrem agrupados ou em sucessão. Isso porque sua precisão na leitura das pessoas será melhorada quando você tiver mais do que uma reação corporal para analisar. É como um quebra-cabeça. Quanto mais peças do jogo você tiver, maiores suas chances de encaixar todas elas e resolvê-lo corretamente. Se vejo uma jogadora demonstrando um comportamento de estresse, seguido por um comportamento tranquilo, posso ficar mais confiante de que ela tem uma mão pobre. Os dois comportamentos juntos permitem uma leitura mais precisa das cartas que ela está segurando. Da mesma forma, se vejo um jogador se inclinar para longe da mesa, isso significa uma coisa; mas, se esse comportamento for combinado com o fato de essa pessoa colocar suas mãos atrás da cabeça, significará algo dramaticamente diferente. De novo, a precisão do seu julgamento aumentará quando você procurar por múltiplas reações corporais *(agrupamentos de reações corporais).*

Estou sempre procurando por *microgestos* durante momentos significativos do jogo (por exemplo, logo depois que a pessoa vê suas cartas). Nessas circunstâncias, quanto mais reflexivo e de curta duração for o comportamento, mais verdadeiro ele tende a ser. Se, logo depois de ver o *flop,* um jogador juntar rapidamente seus dedos (gesto que representa muita segurança) e depois mudar seu comportamento, torcendo seus dedos (gesto que representa pouca segurança), fico com a reação inicial e assumo que a pessoa tem uma mão forte.

Também é importante procurar por *mudanças* no comportamento da pessoa. A maioria dos jogadores de pôquer que veem alguém se mexer na sua cadeira depois que uma carta exposta é distribuída pensa: "Bem, ela somente está desconfortável". Eles deixam escapar a possibilidade real, que é a seguinte: quando a jogadora sai de uma posição relaxada para sentar ereta, está demonstrando um comportamento de engajamento (está se envolvendo), sugerindo que, de repente, ela se sente muito melhor com as cartas que está segurando.

Identificar *reações corporais colaborativas* em um oponente também pode aumentar sua confiança na avaliação feita. Se você vê um oponente colocar uma aposta grande no pote e então percebe que as pernas dele estão enroscadas na cadeira, ele está segurando sua respiração, permanecendo muito parado e suas mãos estão em uma posição de reza, alguém pode suspeitar de que ele está blefando. Ele está literalmente com medo de ter de pagar a aposta.

Aprender a detectar *reações corporais falsas* ou *enganosas* também é essencial. A habilidade para fazer essas diferenciações exige prática e experiência. Eu posso ajudar nesse processo ensinando-lhe as sutis diferenças nas ações de um jogador que revelam se o comportamento é honesto ou desonesto, aumentando suas chances de conseguir uma leitura precisa do seu oponente.

A *intensidade* de uma reação corporal é outro componente significativo da precisão da leitura das pessoas, que pode ser detectado apenas por meio de observação escrupulosa. Como veremos no capítulo 10, um meio-sorriso passa uma informação que é dramaticamente diferente de um sorriso completo.

Observar reações corporais em *contexto* ajudará a decifrar seus significados. Se eu vejo as mãos de uma jogadora começarem a tremer logo depois que ela vê suas cartas fechadas ou o *flop,* irei pressupor que ela está forte, porque é normal a tremedeira ser um sinal de excitação associado a boas cartas. Contudo, se a tremedeira das mãos não ocorrer como reação à distribuição das cartas, mas, em vez disso, depois que ela empurrar suas fichas para dentro, então estarei mais propenso a pensar que está blefando. O contexto em que a tremedeira ocorre faz diferença em como você interpretará o comportamento.

Por fim, você precisa *se* observar. Esse é o melhor modo para ter certeza de que está *ocultando e não revelando* reações corporais que poderiam permitir a seus oponentes fazerem uma leitura de você. Se dissimular suas próprias reações corporais for a única coisa que você aprender com este livro, já estará anos-luz à frente da vasta maioria de oponentes que você encarará nas mesas.

Algo que você *não* quer fazer quando está observando oponentes é tornar as suas intenções óbvias. O que eu vejo na mesa de pôquer são muitas pessoas se encarando. Essa observação tão intrusiva não é aconselhável. Se você olha diretamente para uma pessoa e pensa que conseguirá uma demonstração honesta dela, bem, isso simplesmente não irá acontecer. Sua meta ideal na mesa é observar os outros sem que eles *saibam* disso. Você quer ser discreto e sutil na sua observação. Alguns dos jogadores antigos, como Doyle Brunson e John Bonetti, aprenderam a fazer isso. Exige paciência e prática, mas você pode fazer também. À medida que desenvolve suas habilidades de observação, você estará apto a reunir informações com maior rapidez e discrição, do mesmo modo que um experiente capitão de uma companhia aérea pode rapidamente esquadrinhar seus instrumentos de navegação, enquanto um primeiro oficial inexperiente precisa de mais tempo para completar a mesma tarefa e seu foco estendido torna seu comportamento óbvio.

Se possível, você desejará observar quando as pessoas olham suas cartas fechadas e, dependendo da demora da partida, as reações delas a quaisquer outras cartas distribuídas. Da mesma forma, notar suas reações a outros comportamentos significativos à mesa (apostas, pagamentos, aumentos de apostas) também pode ser útil. Você também irá querer perceber as reações delas a você: suas jogadas *e* seus comentários verbais.

Enquanto a partida é jogada, a percepção de uma pessoa sobre sua força pode mudar e ser refletida em diferente(s) comportamento(s) não verbal(is). Ao observar o comportamento de um jogador desde o começo da partida, você estará em posição de conseguir informações significativas sobre o que ele segura e o que pretende fazer, lembrando a sequência de comportamentos que ele exibiu quando as cartas adicionais foram distribuídas.

Um dos melhores momentos para observar outros jogadores é quando você já está fora da partida. *De fato, uma boa regra prática é observar cada mão da sua mesa independentemente de você estar dentro ou fora de ação*. Às vezes, é mais fácil identificar reações corporais significativas quando você não está em ação, porque você pode dedicar toda sua atenção a todos da mesa, sem a distração de jogar suas próprias cartas ou sem se preocupar com quando as pessoas estarão olhando para você (elas não estarão!). Alguns jogadores se chateiam porque recebem cartas que os fazem desistir. Eu digo, não desperdice a oportunidade que essa desistência oferece! Tire vantagem desse momento sem pressão para ler seus oponentes. Se tiver sorte suficiente para ter desistido enquanto houver várias pessoas no jogo, esse é um momento particularmente vantajoso para obter informação significativa sobre seus adversários. Quando você tem múltiplos jogadores em ação, há muito mais comportamentos para você observar e, com fé, você poderá usar isso como vantagem em outro jogo.

A mesma linha de raciocínio se aplica ao torneio de pôquer. Ouço jogadores reclamando sobre como eles passaram por dois dias de torneio e ainda não conseguiram ganhar dinheiro. Eu digo a eles: "Isso é olhar para o copo meio vazio; por que não olhar para ele meio cheio? Você esteve em ação por todas essas horas e teve a oportunidade de recolher informações de muitos jogadores que podem ser muito úteis em algum momento futuro". Em outras palavras, veja suas horas de torneio como "momento aspirador de pó" – uma ocasião para absorver o máximo de informações que você puder, para usar em torneios futuros. Também tenha em mente que aqueles dois dias de torneio ofereceram a você uma tremenda oportunidade para afiar suas habilidades de leitura de pessoas.

Decifrar e avaliar: reações corporais de pôquer reveladas e avaliadas

Uma vez que você tenha aprendido a observar o comportamento, o próximo passo crucial é decifrar e avaliá-lo, determinando quais comportamentos revelam reações corporais significativas e quais podem ser ignorados. O problema é que você pode passar uma vida inteira observando até que seja possível chegar a esse tipo de conclusão. Além disso, seria uma perda de tempo colossal agora que já fiz isso para você! Durante os meus 25 anos de experiência no FBI e décadas estudando comportamentos não verbais, identifiquei os comportamentos específicos que fornecerão as leituras mais proveitosas de reações corporais no pôquer e analisei seu valor nas mesas. São esses comportamentos específicos que quero que você observe nos seus oponentes. Isso deve fazer com que suas observações nas mesas sejam mais focadas e administráveis. Meu trabalho é descrever esses comportamentos em detalhes suficientes para que você possa identificá-lo prontamente durante o jogo. Farei isso nos próximos capítulos. Seu trabalho é observar seus oponentes cuidadosamente para que você identifique esses comportamentos quando eles ocorrerem. Uma vez que tiver treinado para reconhecer esses comportamentos não verbais e puder decifrar e avaliá-los, baseando-se no material deste livro, você será uma força importante quando e onde quer que as cartas sejam distribuídas.

Você está prestes a aprender reações corporais que nunca foram reveladas em nenhum outro livro de pôquer. Algumas o surpreenderão. Por exemplo: se você tivesse de escolher a parte mais "honesta" do corpo – a parte que seria mais vulnerável para revelar a *verdadeira* intenção da pessoa –, que parte você selecionaria? Dê um palpite. Quando eu revelar a resposta, você saberá qual é o primeiro lugar a olhar na tentativa de avaliar seu oponente em uma partida.

Reagir e entrar no banco de dados

Uma vez que tiver observado com cuidado seus oponentes e decifrado/avaliado suas ações, você estará pronto para reagir – tomar atitudes apropriadas à mesa – baseando-se no que tiver visto. Uma vez que essa atitude tenha sido tomada, você desejará ver se a sua decisão foi correta ou errada: ou seja, se a sua leitura do(s) outro(s) jogador(es) foi precisa. Isso lhe oferecerá uma retroalimentação contínua sobre como está atuando e se precisa fazer ajustes para melhorar sua capacidade de leitura de pessoas. Também lhe fornecerá informações sobre o jogo dos seus oponentes, dados que podem se mostrar inestimáveis caso você acabe jogando com eles novamente, durante a mesma sessão ou em uma data futura.

Um ótimo jeito de aumentar suas vitórias e sua banca é manter um banco de dados sobre seus adversários. A maior parte das pessoas não tem memória fotográfica; portanto, se você identificar alguma reação corporal significativa, genérica ou idiossincrática em outros jogadores, é imperativo que você a anote, para que não se esqueça do que aprendeu.

Na verdade, recomendo que mantenha um diário de bordo com os nomes dos outros jogadores e informações relevantes que você tenha recolhido de cada um deles. No FBI, avaliamos cada operação com uma "reunião de consolidação pós-ação". Sugiro que faça o mesmo no final de cada sessão do jogo. Não dependa da sua memória para recordar qual jogador fez isso ou aquilo – anote. É óbvio, quanto mais vezes você jogar com um oponente específico, mais detalhado *e* valioso o seu banco de dados poderá se tornar. Um dos participantes do Camp Hellmuth que jogou contra o mesmo oponente todas as semanas conseguiu decifrar um jogo bem aberto ao detectar suas reações corporais em apenas algumas sessões.

No mundo atual, dos torneios de pôquer televisionados, uma pessoa pode colher informações valiosas sobre vários jogadores de graça. Você não precisa arriscar seu dinheiro contra eles; só precisa ligar a televisão e assistir. Eu me deleito ao tentar identificar as reações corporais dos jogadores durantes essas partidas. Essa identificação oferece um desafio e uma boa oportunidade para praticar as habilidades de leitura de pessoas. É incrível quantas informações valiosas estão por aí para serem recolhidas e quantos profissionais de torneios (participantes de mesas finais!) exibem reações corporais que podem ser exploradas por um oponente atento. Por que não tentar? Sente-se com este livro como guia e tente detectar as reações corporais de qualquer jogador da mesa. Com a vantagem de ser capaz de ver as cartas fechadas dos jogadores, você pode determinar com exatidão como eles jogam várias partidas, o que torna a identificação das reações corporais ainda mais fácil.

Não subestime o valor da prática que você obterá observando outros jogadores e tentando lê-los por meio de seus comportamentos não verbais. Acho que você se surpreenderá positivamente ao perceber como será mais fácil observar e decodificar comportamentos à medida que passar mais tempo fazendo isso. Ah, e uma última coisa: se identificar algo valioso sobre um jogador específico na TV, não se esqueça de incluir no seu banco de dados. Quem sabe? Essa informação poderá ser bem útil no futuro, caso você participe de uma mesa final contra ele ou ela por um pote de um milhão de dólares.

Uma recomendação final antes de você chegar às mesas

Se você quer se tornar uma ameaça séria à mesa de pôquer, precisará ler as pessoas de forma eficaz. A leitura envolve aprender como 1) observar os comportamentos delas com eficiência e discrição; 2) decodificar suas ações em contexto e incorporar esse conhecimento em sua estratégia de jogo; 3) catalogar suas reações corporais para que você possa utilizar essa informação quando jogar com elas no futuro.

Leva tempo para aprender essas habilidades; portanto, eu o encorajaria (principalmente se você for um iniciante) a entrar no mundo do pôquer em três estágios.

1. Jogue *on-line*, de graça, em *sites* de pôquer até estar confortável com as regras e o fluxo do jogo. Enquanto isso, aprenda a matemática e o lado técnico do jogo (aprenda a "ler as cartas").
2. Jogue pôquer com pingos baixos, com amigos ou em cassinos, com limites baixos, até que se sinta confortável em jogos ao vivo (diferentes dos jogos em computadores). Enquanto isso, aprenda a observar os jogadores, decodificar suas reações corporais e mantenha um registro do que você descobriu (aprenda a "ler os jogadores").
3. Quando você se sentir confortável jogando pôquer ao vivo e tiver alcançado um nível de competência na leitura das cartas *e* dos jogadores, daí, e somente aí, você poderá considerar jogar nas mesas com pingos mais altos.

Aqui há algo para manter em mente. É muito difícil identificar reações corporais quando grande parte da sua atenção está focada em conhecer o jogo. É parecido com aprender a dirigir. Você se lembra da primeira vez? Se você era como eu, estava tão preocupado em operar o veículo que era difícil saber o que estava fazendo dentro do carro e, ao mesmo tempo, se concentrar na rua. Foi só quando se sentiu confortável atrás do volante que você se tornou capaz de ampliar seu foco e abarcar todo o ambiente da direção. É assim com o pôquer. Quando dominar a mecânica do jogo e se sentir confortável jogando nas mesas, aí, somente aí, você poderá liberar a energia mental necessária para ler as cartas *e* as pessoas com eficiência. À medida que se aproxima e/ou alcança essa zona de conforto, você pode querer aprender mais sobre as reações corporais: não apenas quais são elas, mas *antes de tudo o que causa sua exibição pelo jogador*. De fato, descobrir a causa das reações corporais pode nos ajudar a lidar com elas de forma mais eficaz; portanto, dedicaremos o próximo capítulo à discussão desse tópico e avançaremos a partir daí.

Pensamentos de Phil acerca da importância da observação eficaz para vencer na mesa de pôquer

A observação eficaz é o que separa vencedores de perdedores na mesa de pôquer. É simples assim. Ela também separa os bons jogadores dos melhores jogadores. Quando você tiver desenvolvido seus poderes de observação, de forma que *saiba* que um jogador é fraco ou forte, será quase como roubar. Seu oponente poderia do mesmo modo jogar com as cartas viradas para cima.

No prefácio deste livro, mencionei como eu gostava de tentar adivinhar as cartas fechadas do meu oponente. A observação cumpre um importante papel nesse processo. Quando alguém mexe nas cartas da mão três ou quatro vezes, muita informação torna-se disponível. Como ele apostou antes do *flop*? Quanto ele apostou e o que parecia querer que seu oponente fizesse nessa mão? Ele parecia fraco ou forte? Quão fraco ou forte exatamente? O que ele tinha na última vez em que agiu desse jeito? Como o *flop* alterou seu comportamento? Ele estava fazendo alguma representação que eu pude desvendar? E, é claro, as cartas que estão viradas para cima pesam nas minhas avaliações.

Quando você jogar, assegure-se de prestar atenção nos outros da mesa para conseguir *insights* nas suas jogadas. Eles fazem um *check-raise** quando pegam uma boa mão ou eles apostam? Tente aprimorar as leituras dos seus oponentes da mesa – os tipos de leituras que apresentaremos neste livro. Essas leituras permitirão que você faça boas jogadas contra seus oponentes mais tarde ou os leve a desistir daquela mão.

Quanto mais você praticar suas habilidades de observação, mais se tornará um observador proficiente... a ponto de identificar reações corporais importantes e/ou informações que os outros simplesmente deixam de ver. Considere, por exemplo, um incidente que ocorreu durante o World Series of Poker (WSOP) em 2000. Com 18 jogadores no fim do "Big One" (o evento do campeonato mundial, valendo 10 mil dólares), Hassan Habib, com mais de 600 mil dólares em fichas, aumentou a aposta para 25 mil dólares com a sequência Ás-9 de paus. Taso Lazarou usou seus últimos 25 mil dólares com Ás-6 com naipes

---

*N.T.: Quando um jogador não aposta em um primeiro momento, para depois subir a aposta do seu adversário.

diferentes. As cartas foram viradas para cima e todos na sala (pelo menos 200 pessoas, incluindo vários funcionários do torneio e os nove jogadores da mesa) viram ou ouviram que a mesa caiu com 5-8-K-5-J. Anunciou-se que Taso fora eliminado, terminando em 18º, e, nesse ponto, Taso levantou da mesa, as cartas foram viradas para baixo e Hassan ganhou o pote.

Depois de mais ou menos 20 segundos (20 segundos é muito tempo nesse caso, especialmente porque Hassan já estava com as fichas na sua pilha), informei Taso de que havia sido, na verdade, um pote dividido. Taso voltou à mesa e anunciou que achava que fora um caso de pote dividido e o pote foi reconstruído e dividido adequadamente.

Obviamente, se eu não tivesse falado nada, o torneio continuaria, com Taso em seu carro a caminho de casa. Depois que a quarta carta foi virada para cima (5-8-K-5), eu disse para mim mesmo: "Será um pote dividido se a carta virada para cima for um rei, dama ou valete". Um valete foi virado para cima e anunciei em voz alta (várias vezes) que era um pote dividido. Mas, naquele momento, ninguém me ouviu.

O ponto aqui é que, mesmo não estando no jogo, eu estava no "modo observação", examinando as ações e antecipando o que poderia acontecer diante dos possíveis cenários do jogo. Isso me permitiu ver coisas que os outros jogadores não notaram e, quando suas habilidades de observação lhe permitem fazer isso com mais frequência do que seus oponentes, você será um vencedor no longo prazo.

O exemplo que acabei de citar deve dar-lhe confiança quando se trata de desenvolver habilidades superiores de observação. Se, literalmente, centenas de jogadores talentosos de pôquer não conseguiram observar o pote dividido quando ele ocorreu, isso sugere que, se você se comprometer seriamente a se tornar um observador eficiente, provavelmente conseguirá alcançar paridade com – e até superioridade sobre – a maioria dos jogadores amadores e profissionais em um prazo razoável de tempo. Mas isso exigirá três coisas: prática, prática e mais prática!

Acredito firmemente que os verdadeiros campeões de pôquer são abençoados com um talento para a observação que adquirem durante anos de prática e experiência. Felizmente, existem poucos desses "superobservadores" (caso contrário, eles dominariam o mundo do pôquer); porém, para dar-lhe a sensação do que eles podem fazer, reflita sobre a história de Stuey Unger. Nos anos 1980, Stuey foi considerado o melhor do mundo em *gin** (na verdade, ele foi o melhor por duas décadas), o melhor jogador de *No-Limit Hold'em* de todos os tempos (até então, ele havia ganhado dois campeonatos mundiais, com mais um por vir) e um dos melhores jogadores de gamão do mundo.

Durante o WSOP de 1992, Stuey estava jogando uma partida de 600 dólares a 1.200 dólares na mesa 59, com cinco jogadores, enquanto Bobby Baldwin e "Chip" Reese estavam jogando *gin* na mesa 60. De repente, Chip virou para Stuey, que estava na outra mesa, e disse: "O que você acha do jeito que eu joguei essa mão?". Stuey, que estava ocupado jogando 600 dólares a 1.200 dólares na mesa ao lado, disse: "Eu teria batido há quatro rodadas com cinco (pontos)". Chip então disse, "Obrigado", e revirou os olhos.

É claro que Chip sabia que Stuey estava certo, porque Stuey era considerado praticamente imbatível no *gin*. Na verdade, ele era tão bom no *gin* que, por muitos anos, não conseguiu jogar com ninguém, em nenhum lugar. Mas Chip não revirou os olhos porque Stuey estava certo. Fez isso porque não podia acreditar que Stuey estava observando todos os seus movimentos enquanto, simultaneamente, jogava pôquer com pingos altos em uma mesa completamente diferente! *Isso* sim *é* observação!

---

*N.T.: Um tipo de jogo de pôquer no qual todos fazem as apostas antes de as cartas serem distribuídas e não há apostas posteriores, o que evita blefes. Depois disso, cada jogador recebe cinco cartas individuais, secretas. O *dealer* vira uma do monte e o jogador à esquerda dele pode pegar essa carta aberta ou uma carta fechada do monte. Ao pegar a carta, precisa descartar outra, deixando-a aberta. O jogador à esquerda dele pode pegar a carta aberta ou uma do monte. Esse processo acontece até que um jogador bata na mesa, indicando que tem a melhor mão. A partir disso, cada jogador pode trocar uma carta mais uma vez e então todos devem abrir seus jogos. Aquele que tiver a melhor combinação, ganha.

Capítulo 2

A Base Fisiológica das Reações Corporais: NÃO é Óbvio!

Pare um momento, se quiser, e morda seu lábio. Sério, pare um momento e faça isso. Agora, toque seu nariz. Por fim, afague sua nuca. Essas são coisas que fazemos a toda hora. Sente-se em uma mesa de pôquer e você verá jogadores apresentando esses comportamentos regularmente.

Já se perguntou *por que* eles fazem isso? Já se perguntou por que *você* faz isso? A resposta pode ser encontrada escondida em uma calota – a *calota craniana* – onde o cérebro humano reside. Uma vez que descobrimos a resposta, também percebemos o que causa as reações corporais e como interpretá-las. Então, vamos dar uma olhada de perto nessa calota e examinar o mais incrível 1,4 quilo de matéria encontrado no corpo humano.

Um cérebro que é honesto, um cérebro que pode mentir

A maioria das pessoas pensa que possui um cérebro. Na realidade, há três diferentes estruturas ou cérebros dentro do nosso crânio, cada uma cumprindo funções específicas que, quando são reunidas, formam o centro de "comando e controle" que regula tudo o que o nosso corpo faz. Em 1952, um cientista pioneiro chamado Paul McLean chamou essas três diferentes estruturas de "Cérebro Trino" e falou sobre o nosso "Cérebro Reptiliano (haste)", "Cérebro Mamífero (límbico)" e "Cérebro Humano (neocortical)" (veja figura 1).

Todo comportamento é controlado pelo cérebro. *Essa é a pedra angular da compreensão de todos os comportamentos não verbais.* Não há nada que você faça, seja se contorcer ou se arranhar, que não seja controlado pelo cérebro.

Felizmente, isso não é um texto de biologia, então eu posso poupá-lo de uma descrição detalhada do que os três cérebros fazem. Na verdade, irei ignorar o que um cérebro (o Cérebro Reptiliano) faz, embora dando leve reconhecimento a outro (Cérebro Humano) e concentrando no chamado cérebro emocional, o Mamífero, que desempenha o papel-chave no comportamento não verbal que subjaz a nossas reações corporais.

Cérebro Humano

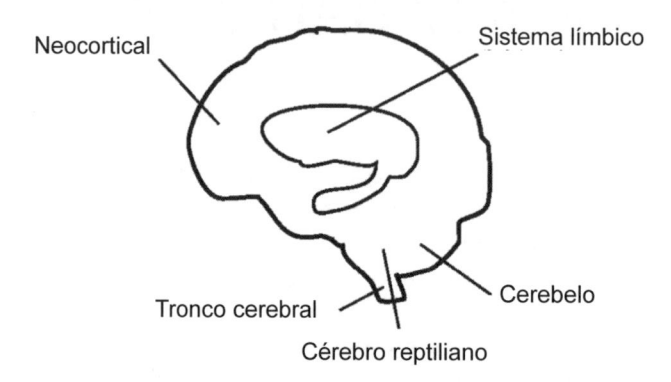

O cérebro humano e seus componentes principais: Neocórtex, Sistema Límbico, Cerebelo, Cérebro Reptiliano e Tronco Cerebral.

Quando se trata de jogar pôquer, há dois cérebros que afetam o nosso jogo. Possuímos o cérebro mamífero muito antigo, algumas vezes chamado de cérebro límbico, emocional ou reativo. Essa parte primitiva do nosso cérebro, que compartilhamos com todos os mamíferos, serviu para nos manter vivos como espécie por milhões de anos. Sua função principal é reagir a coisas que são ouvidas, vistas ou sentidas. Faz isso instantaneamente, em tempo real, sem pensamento; e, por essa razão, ele dá uma resposta *honesta* para as informações recebidas do ambiente.

Também possuímos o *neocortical,* um acréscimo relativamente recente à calota craniana. Também conhecido como o cérebro pensante, intelectual, novo ou humano, é responsável pela cognição de ordem superior e pela memória. Esse é o cérebro que nos levou à Lua, com sua habilidade de lembrar, computar, analisar, dissecar e intuir em um nível singular para a espécie humana. É também o cérebro que ajuda os jogadores de pôquer a "lerem as cartas": calcular as probabilidades do pote, avaliar possibilidades, determinar nossas saídas e entender as regras do jogo. Por ele ser capaz de pensamento complexo, esse cérebro – diferente da parte límbica – não é necessariamente honesto; de fato, é o menos confiável dos três componentes principais do cérebro, porque esse é o cérebro que pode *mentir*. Enquanto o sistema límbico pode compelir uma pessoa a olhar de soslaio (subconscientemente) quando alguém desagradável passa por ela ou uma carta desfavorável chega à *fourth street*,* o córtex é bastante capaz de mentir sobre sentimentos verdadeiros. O córtex, que governa a área de Brocca (a região da nossa fala), pode nos levar a falar, "Olá, é tão bom vê-lo", para o indivíduo desagradável, mesmo quando isso é uma falsidade absoluta. Ou pior, do ponto de vista de um jogador de pôquer, pode fazer com que uma pessoa clame "Tenho as *nuts*"** para um oponente curioso quando, na verdade, ele está segurando um *busted flush*.***

Em razão de o neocortical (o Cérebro Pensante) ser capaz de desonestidades, não é uma boa fonte de reações corporais confiáveis, acuradas. Além disso, por funcionar primariamente como o centro da atividade intelectual – leitura das cartas –, não é relevante para o tema deste livro. (Existem livros excelentes, publicados por pessoas que querem desenvolver sua habilidade de leitura de cartas.) Como ressaltei antes, de acordo com *experts* de pôquer, só 30% é leitura de cartas nos jogos, enquanto 70% é leitura de pessoas. Porque o sistema límbico é onde a ação está quando se trata de revelar reações corporais honestas, que nos ajudam a ler as pessoas, é nele que queremos focar nossa atenção para ganhar vantagem nas mesas de pôquer.

À procura da realidade límbica

A beleza e a elegância absoluta do sistema límbico estão no fato de que ele reage com o mundo exterior de forma imediata, sem ter de levar a muitos pensamentos e avaliações. Por exemplo, uma vez que o sistema límbico "vê" uma carta *river***** perigosa, que forma par com as outras cartas comunitárias e torna o nosso *flush* suscetível de se tornar um *full house*,***** ele nos leva a emitir alguns comportamentos comuns a todos os seres humanos que, de repente, são colocados em situações

---

*N.T.: Dependendo do tipo de jogo, é a quarta carta comunitária ou a quarta carta recebida pelo jogador.
**N.T.: A melhor mão possível.
***N.T.: Um *flush* (cinco cartas de um mesmo naipe) incompleto.
****N.T.: A carta *river* é a última carta comunitária distribuída nos jogos de Hold'em e Omaha. Também conhecida como *fifth street*.
*****N.T.: Um jogo de cinco cartas, composto de um par e uma trinca.

perigosas. Porque o sistema límbico foi projetado *para reagir, não para raciocinar*, essas reações tendem a ser honestas e reveladoras das sensações verdadeiras da pessoa.

De modo oposto, o sistema límbico também trabalha com eficiência para registrar emoções positivas. A descoberta de que suas cartas fechadas são dois ases recebidos na primeira distribuição levará o cérebro límbico a "vazar" comportamentos consistentes com um indivíduo que acabou de ver algo muito favorável.

Para esses jogadores de pôquer que querem ler seus oponentes de forma eficaz, o cérebro límbico é o Santo Graal das reações corporais. Por quê? Porque é o cérebro que revela mais honestamente a verdade sobre as cartas que uma pessoa está segurando. Ele o faz por meio de comportamentos não verbais que podem ser observados e decodificados à medida que se manifestam fisicamente nos nossos pés, tronco, braços, mãos e rosto. E, diferentemente das palavras, são genuínos. Além disso, essas reações são conectadas ao nosso sistema nervoso, o que as torna difíceis de serem eliminadas ou disfarçadas – seria como tentar suprimir uma reação assustada quando, de repente, somos confrontados com um barulho muito alto.

Uma das maneiras clássicas por meio da qual o cérebro límbico garantiu a sobrevivência da nossa espécie – e produziu um número confiável de reações corporais de pôquer – foi a regulação do nosso comportamento ao nos depararmos com o perigo, seja um homem pré-histórico diante de um leão da Idade da Pedra, ou um jogador dos tempos modernos encarando um tubarão do pôquer com o jogo perfeito.

As três reações que você precisa saber para jogar pôquer

Você provavelmente já ouviu ou leu o termo "reação de lutar ou fugir", que se refere ao modo como reagimos quando nos deparamos com uma situação ameaçadora ou perigosa. Infelizmente, esse termo é apenas dois terços preciso e está invertido! Na realidade, o modo como os organismos vivos – humanos, inclusive – reagem ao perigo é na seguinte ordem: *congelar, fugir, lutar.*

A reação do congelamento

Há um milhão de anos, assim que os hominídeos primitivos atravessaram a savana africana, eles se depararam com predadores que podiam alcançá-los e dominá-los. Para o homem primitivo ter sucesso, o cérebro límbico, que evoluiu dos nossos antepassados reptilianos, desenvolveu estratégias para compensar a vantagem de poder do predador. Essa estratégia, ou primeira reação do sistema límbico, foi *congelar* na presença de um predador ou ameaça. O movimento atrai atenção, portanto, ao se manter parado imediatamente depois de perceber uma ameaça, o cérebro límbico aprendeu a reagir da maneira mais eficaz possível para garantir a sobrevivência. A maioria dos animais – certamente, muitos predadores – reage ao movimento e é atraída por ele. Essa habilidade de congelar diante do perigo faz sentido.

A reação de congelamento foi passada do homem primitivo ao homem moderno e hoje permanece conosco como a primeira opção de defesa contra uma ameaça ou perigo. Você pode vê-la nos *showrooms* de Vegas, onde grandes felinos são parte do ato. Enquanto o tigre ou o leão anda pelo palco, você pode ter certeza de que as pessoas da primeira fila não farão nenhum gesto desnecessário – estarão estáticas em suas cadeiras.

Você pode ver isso na mesa de pôquer também, em especial quando uma pessoa está blefando. Quem blefa, sabe que tem uma mão fraca e, se uma quantia considerável de suas fichas está investida no pote, isso é algo ameaçador. Além disso, ela não quer que algum de seus oponentes (que, nesse caso, podem ser vistos como predadores que podem atacar suas fichas) faça um *call*.* Então, o que fazer? Congelar. Quem blefa, reage exatamente como nossos ancestrais faziam milhões de anos antes. Congela porque se sente ameaçado e não quer ser notado. Não quer fazer nada que chame a atenção para si e leve um oponente (predador) a fazer uma aposta.

Na mesa, sempre pressuponha que, quando alguém parar de se mover, de repente congelar ou então controlar-se demais (conter-se), está blefando. No FBI, quando alguém se comporta desse jeito, chamamos de pista. Há uma ameaça ali, eles movimentaram suas fichas para o pote e agora estão sentados feito varetas, eretos como se estivessem em um assento ejetor de piloto, perfeitamente parados, porque não querem ser percebidos.

T. J. Cloutier, na primeira palestra sobre pôquer do Camp Hellmuth, comentou que muitas vezes detecta "blefadores" porque eles seguram sua respiração. Essa é uma reação de congelamento. Animais selvagens fazem isso para reduzir as chances de serem notados. Também percebo isso nos testes de polígrafo: pessoas que irão mentir param de respirar, e isso aparece no equipamento.

Há uma tendência de "blefadores" ficarem bem estáticos – se mexerem menos, tentarem restringir qualquer comportamento que aumente

---

*N.T.: Colocar no pote uma quantia de dinheiro igual à aposta ou à subida mais recente.

a percepção de sua presença física à mesa. Muitos jogadores exibirão esse comportamento blefar-apostar-congelar durante toda sua vida no pôquer e nunca se darão conta de que fazem isso. Isso acontece porque é a maneira "natural" de agir, congruente com comportamentos de sobrevivência que foram conectados ao nosso padrão de estímulo-resposta ao longo de centenas de milhares de anos.

Esse comportamento de congelamento está tão integrado à nossa reação diante da ameaça que alguns jogadores não conseguem parar de fazer isso, mesmo quando são informados de que, ao congelar, estão declarando seus blefes. O mesmo ocorre com fumantes habituais, que nem se dão conta que têm um cigarro em suas mãos, a não ser que alguém indique isso continuamente ou eles se forcem a monitorar constantemente seu próprio comportamento.

Não estou dizendo que superar a reação de congelamento durante um blefe é impossível, apenas difícil. Na verdade, algumas pessoas que lerem este livro – e um pequeno número de jogadores experientes que detectaram a reação por conta própria – tentarão eliminá-la. Por termos um neocórtex, podemos passar por cima das reações do sistema límbico se *pensarmos* a respeito, porém, com a exceção de atores profissionais, não são muitas as pessoas que podem fazer isso de forma convincente. Em geral, esses disfarces são dolorosamente transparentes... e, com a prática, você se tornará capaz de perceber a diferença entre reações corporais "verdadeiras" e "falsas" com um alto grau de sucesso.

Considere o comportamento dos jogadores que estão tentando esconder suas reações de congelamento na mesa. Sua reação imediata aos blefes que fazem é honesta, um comportamento de congelamento. Depois, eles pensarão consigo mesmos: "É melhor eu agir como se estivesse tudo bem". O que se segue são gracejos e conversas excessivas, que funcionam como um disfarce para o que está realmente acontecendo. Quando isso acontece, eu me pergunto: "Como o/a jogador(a) reagiu *imediatamente* depois de ter blefado?". Se foi uma reação de congelamento, seguida por uma exibição de movimentos, acreditarei na reação inicial, já que foi, provavelmente, o verdadeiro reflexo da realidade (aconteceu antes de o jogador ter a chance de "pensar" a respeito).

Jogadores que tentam ocultar uma reação de congelamento com frequência exibirão indícios reveladores de sua tentativa de fraude. Se o/a jogador(a) faz uma aposta e depois se torna mais tagarela e/ou animado(a) do que o normal, fico mais convencido de que ele ou ela está blefando. Isso é particularmente verdadeiro se o jogador for, em geral, muito quieto e/ou retraído durante o jogo. Se a conversa parece forçada ou os movimentos exagerados, também fico desconfiado.

Por a reação de congelamento estar tão arraigada em nossas reações a ameaças, os jogadores, muitas vezes, não são capazes de monitorar e modificar toda a gama de comportamentos associados ao congelamento. Alguns persistem, em geral despercebidos pelo jogador, mas detectáveis pelo observador competente. Por exemplo, um jogador pode fingir uma reação de "descongelamento" ao movimentar sua cabeça, seus braços, seu tronco... mas, sob a mesa, seus pés estão travados em volta das pernas da cadeira (uma reação de congelamento). Quando observo esses tipos de comportamentos conflitantes, tenho a tendência de ficar com aqueles que parecem mais honestos (aqueles de acordo com as reações límbicas esperadas e/ou mais consistentes com o comportamento normal do jogador à mesa). Essas são, em geral, as verdadeiras reações corporais.

A reação de fuga

Um dos objetivos da reação de congelamento, como ficou claro, é evitar a descoberta por predadores perigosos. Outro objetivo é dar ao indivíduo ameaçado a oportunidade de avaliar a situação e determinar o melhor curso de ação. Se a reação de congelamento não for adequada para eliminar o perigo, a segunda reação a ser escolhida é escapar pela *reação da fuga*. Na presença de um predador ou em uma mesa de pôquer – sempre que nos deparamos com algo de que não gostamos –, nossa reação é a mesma: queremos fugir daquilo. Portanto, na mesa de pôquer – e na vida – equiparamos a fuga com a *distância*.

Embora seja prático e sensato fugir de um leão faminto se você estiver sendo perseguido no Serengeti,* sair bruscamente da mesa de pôquer quando você se depara com um tubarão das cartas faminto não é prático (não tente sair correndo pelo cassino!), além de ser uma violação séria de etiqueta. Não se preocupe! O cérebro límbico desenvolveu outras técnicas invulgares para lidar com ameaças que não envolvem fugas bruscas, técnicas que acarretam comportamentos mais sutis que bloqueiam ou distanciam a pessoa do perigo percebido.

Se você pensar nas interações sociais que já teve na sua vida, você reconhecerá que se aproxima daquilo que gosta e se afasta do que não gosta. O mesmo acontece na mesa de pôquer: você (ou suas cartas ou fichas) se aproximará da mesa quando tiver uma mão boa e se afastará quando suas cartas fechadas forem ruins ou, pior, quando uma mão boa acabar ficando fraca (veja as figuras 2 e 3). Essas são manifestações

---

*N.T.: O ecossistema Serengeti é uma região geográfica na África Oriental, no norte da Tanzânia e sudoeste do Quênia.

Fig. 2. Aproximando-se; é provável ser uma boa mão.

Fig. 3. Afastando-se; uma mão sem importância ou ruim.

A Base Fisiológica das Reações Corporais: NÃO é Óbvio!

modernas da antiga reação de fuga, mais sutis, mas ainda reveladoras aos olhos observadores. Por que fazemos isso? Porque, por milhões de anos, nós nos afastamos do que não gostamos; andamos (ou corremos) para fora do quarto, saímos de suas vidas ou nos retiramos para longe. Quando você vê cartas ruins na sua mão, não é diferente; o cérebro diz: "Por que vou deixar meus braços aqui na mesa, quando tenho uma mão péssima? Faremos o que sempre fizemos para protegê-lo – afastaremo-nos."

Uma coisa que você irá querer fazer quando entrar em um jogo de pôquer é notar onde seus oponentes normalmente colocam mãos e/ou braços na mesa (veja figura 4). Uma vez que isso for determinado, você pode usar os movimentos das mãos/braços que ocorrem como desvios da posição padrão como critérios para avaliar a força das cartas do(s) seu(s) oponente(s). (Mesmo se não souber a posição normal das mãos/braços do jogador, você deve ficar alerta quando ele mudar a posição da mão ou do braço, aproximando-os ou afastando-os da mesa durante o jogo. Isso pode ajudá-lo a determinar a força das cartas dele.)

Fig. 4. Posição normal da mão na mesa.

Às vezes, você vê um jogador aproximando *e* afastando a mão/braço da mesa durante o jogo. Você pode observar, por exemplo, que, enquanto o jogador confere suas cartas fechadas, seus braços avançam

Fig. 5. Esta é a posição de "base" das mãos do jogador antes de alguma carta ser distribuída.

Fig. 6. Observe como a posição das mãos do jogador se movimenta um pouco para a frente depois de ver suas cartas fechadas, uma indicação de que gosta do que vê.

por sobre a mesa. Depois, ele vê o *flop* e seus braços recuam, como uma tartaruga entrando em seu casco. Ou, talvez, seus braços fiquem parados no *flop* e em seguida avancem ou recuem na quarta carta e/ou *fifth street*.* Considerada sozinha, ou combinada com outras reações corporais, você pode usar essa informação para conseguir uma leitura melhor do que seu oponente está segurando. Por exemplo, note como os braços do jogador avançam em relação à posição "padrão" (figura 5), depois que o jogador vê suas cartas fechadas (figura 6), o *flop* (figura 7) e quarta carta (figura 8). É possível deduzir desse comportamento que ele está ficando cada vez mais contente à medida que recebe cada nova carta em sua mão.

Você já observou uma criança à mesa de jantar? A criança, sem o benefício de um guia ou de instruções, vem equipada para comunicar não verbalmente seus gostos e aversões. Por exemplo, quando o tronco da criança endurece e se afasta da mesa de jantar e seus pés se dirigem

---

*N.T.: É a quinta carta distribuída no jogo Stud ou a carta *river* do jogo Hold'em ou Omaha.

A Base Fisiológica das Reações Corporais: NÃO é Óbvio!

Fig. 7. As mãos se movimentam mais perto à medida que o *flop* melhora as chances de ganhar do jogador.

Fig. 8. As mãos continuam seu movimento para a frente à medida que cartas favoráveis fortalecem o potencial para vencer do jogador.

para a saída mais próxima, a mensagem é clara: a criança quer sair da mesa para se distanciar da comida ameaçadora que ela acha desagradável.

Não é diferente à mesa de pôquer. Assim como a criança que se afastou da comida na mesa, o jogador pode se afastar de uma mão muito ruim ou de um *flop* ameaçador. Comportamentos de bloqueio também podem se manifestar; o jogador ameaçado pode fechar ou esfregar os olhos ou colocar as mãos na frente do rosto. Ele pode inclinar-se para longe da mesa e virar seus pés para fora também, às vezes em direção à saída mais próxima. Esses não são comportamentos de decepção, mas, pelo contrário, ações que indicam que a pessoa se sente ameaçada por acontecimentos que estão ocorrendo à sua volta. São comportamentos não verbais de *distanciamento* que dizem a você que o jogador está infeliz com o que está acontecendo à mesa. Baseado no que está realmente acontecendo, tais reações de fuga podem indicar um desejo de escapar de um jogador abusivo, uma mão destrutiva ou até a necessidade de ir ao banheiro. Para determinar a causa exata desse comportamento, você precisa observar quando ele ocorrer e o contexto no qual se dará. Se o comportamento de afastamento acontecer imediatamente depois do jogador olhar suas cartas fechadas ou de uma carta comunitária chegar à mesa, é possível concluir que o jogador não gosta das cartas que está vendo. Pode sugerir uma mão fraca ou uma mão em que o jogador se sinta vulnerável por causa de outras cartas que estão na mesa. É improvável que o jogador defenda essa mão e ele, provavelmente, desistirá, principalmente se ocorrer um aumento da aposta de um oponente.

Recentemente, eu assisti na televisão a uma final em que se deu o seguinte comportamento: um dos cinco jogadores que restavam olhou suas cartas fechadas e inclinou seu tronco em direção à mesa. Essa é uma reação corporal que representa *confiança alta* e *intenção* e que sugeriu duas coisas: ele gostou do que viu e, provavelmente, envolveu-se com a mão. Na verdade, ele foi um dos três jogadores que apostou e viu o *flop*. Logo depois de ver as cartas comunitárias expostas, o jogador inclinou-se para longe da mesa – ou seja, ele se *distanciou* do que havia observado. O cérebro límbico, em essência, estava dizendo a ele para se "desvencilhar... o que está na sua frente não é mais algo bom, é perigoso". Em termos evolutivos, uma carta ou cartas que podem fazer com que o jogador perca dinheiro é como um predador que pode lhe causar danos físicos. Ela causará a reação de fuga. Uma vez que você tiver entendido como o cérebro límbico funciona, fica muito fácil identificar a reação corporal de um jogador e decifrá-la, em particular quando você considera como o comportamento *mudou* do início da mão até o *flop* e o contexto em que essa mudança ocorreu (logo depois de o jogador ter visto as cartas).

O cérebro límbico, uma vez no modo de fuga, leva-nos a funcionar de acordo com essa estratégia básica: distanciamo-nos de qualquer coisa que seja desagradável e perigosa; aproximamo-nos de qualquer coisa que seja agradável, prazerosa e recompensadora. No jogo de pôquer televisionado que acabou de ser descrito, o jogador se afastou da mesa porque o *flop* não o agradou; era desagradável e representava uma ameaça ao seu bem-estar financeiro. O comportamento oposto ocorre quando uma jogadora vê algo na mesa que faz com que se sinta bem. Segurando o ás e o 10 de ouros, ela vê o *flop*: 4, 8 e Q de ouros, o que lhe dá um *nut flush*.*

Sua reação é imediata: seu tronco se inclina para a frente e suas mãos avançam por sobre a mesa. Talvez ela preste maior atenção às suas cartas fechadas, colocando as mãos em volta delas com cuidado e de forma protetora e carinhosa, como uma mãe pássaro que demonstra cuidado crescente com seus ovos à medida que eles se aproximam da maturação. Ela não percebe que está exibindo sua empolgação com a mão. Para o seu adversário observador, o comportamento dela é um neon piscando "Abandone o jogo!", "Abandone o jogo!", "Abandone o jogo!"

A reação de luta

Quando uma pessoa se depara com o perigo e não pode evitar que seja notada pelo congelamento ou pela fuga, a única alternativa que resta é lutar. Na mesa de pôquer, a reação de luta geralmente assume a forma de *agressão* – jogadores que discutem, trocam insultos, provocam-se, encaram-se e até invadem o território do oponente "por acidente", colocando o cotovelo ou uma caneca na sua área da mesa.

Por que os jogadores se envolvem nesse jogo de agressão/intimidação nas mesas de pôquer? Alguns o fazem porque estão perdendo fichas, ou porque estão apostando mais do que podem perder ou ainda porque fizeram uma aposta ruim. Outros o fazem para tirá-lo do jogo. Lembra-se de quando você era jovem e alguma criança tentava irritá-lo na escola ou no *playground*, fazendo caretas para você? Pouca coisa mudou! O jogador agressivo ainda quer irritá-lo, mas, dessa vez, ele não quer sua atenção, ele quer o seu dinheiro.

---

*N.T.: O maior *flush* possível em uma mão.

Fig. 9. Olhando agressivamente para intimidar. Evite esse comportamento.

Às vezes, um jogador age de forma agressiva com um oponente porque não quer que ele entre em um pote. Geralmente, ele faz isso encarando o oponente quando é sua vez de agir (veja figura 9). Dependendo das circunstâncias, esse olhar pode se tornar uma *reação corporal administrada* que encorajará um jogador experiente a fazer exatamente o oposto do que o agressor deseja: pode servir como um sinal para seguir adiante e apostar, até aumentar a aposta. É preciso observar um jogador por muitas partidas para determinar se seus olhares hostis são, de fato, um modo de manter seus oponentes longe do pote ou somente uma tentativa de intimidar os oponentes em geral.

Como regra geral, quanto maior a frequência em que uma pessoa se envolve em comportamentos ofensivos, mais provável será esses comportamentos representarem um estilo genérico de jogo; quanto mais seletivo for o olhar, você deverá considerar, enquanto pondera sobre como jogar o seu melhor jogo, que maiores serão as chances daquilo ser uma reação corporal significativa.

Em geral, aconselho jogadores de pôquer profissionais e amadores a evitarem o jogo agressivo nas mesas. Assim como a *reação de luta* é a última opção ao lidarmos com uma ameaça – utilizada somente depois que as táticas de congelamento e de fuga já se provaram ineficientes – logo, também, deve ser evitada no seu jogo, sempre que possível. Poupe sua energia mental para a leitura de cartas e de pessoas, em vez de fazer pose e estufar o peito.

Há uma razão para essa recomendação. O jogo agressivo às mesas pode causar um turbilhão emocional nos jogadores afetados, dificultando sua concentração e seu melhor jogo. Quando somos emocionalmente atingidos, nossa atividade neural é desviada e nos tornamos deficientes por causa disso. Eu tenho uma teoria: uma das razões que me levam a crer que as mulheres se saem tão bem nos torneios de pôquer (terminando nas finais em uma proporção maior do que a quantidade delas nos torneios justificaria) é porque elas não se envolvem tanto em comportamentos agressivos quanto seus oponentes masculinos. Enquanto os homens se esgotam em guerras de testosterona, bufando e encarando e jogando seus jogos psicológicos, as mulheres poupam sua energia para jogar pôquer, mantendo a calma e utilizando o poder de seus cérebros para ganhar os potes, em vez de intimidar os oponentes.

Nos Estados Unidos, por convenção social, nos é permitido olhar para outra pessoa por apenas 1,18 segundo antes que nosso olhar seja interpretado como um desafio ou um convite. Se você estiver tentando dar o seu melhor em um jogo de pôquer e um oponente, que tenta intimidá-lo por meio de olhares hostis ou de outras formas de agressão, atravessa o seu caminho, o que você deve fazer?

Ignore-o. Em geral, essa atitude fará com que ele foque sua energia em outro lugar. Se ele não fizer isso, evite, sempre que possível, olhá-lo nos olhos. Independentemente do que você fizer, não entre em um combate olho a olho; isso seria jogar o jogo dele e destruir o seu. Se necessário, você pode usar óculos escuros à mesa. Óculos escuros tendem a desencorajar os oponentes a encararem você porque: (a) eles não terão como saber para onde você está olhando, e (b) eles não poderão extrair muitas informações (por exemplo, se o comportamento agressivo deles o está desestabilizando).

Enquanto estamos no tópico da agressão visual no pôquer, gostaria de avisar às mulheres de que elas também podem ser alvo da intimidação masculina nas mesas. Alguns homens tentarão destruir o jogo das mulheres olhando para seus seios, pressupondo, às vezes corretamente, que isso fará com que elas se sintam constrangidas e desconfortáveis, acabando com a sua concentração e com a eficácia do seu jogo (veja figura 10). Como no caso do olhar agressivo homem a homem, não há muito a ser feito. Ignorar os jogadores ofensivos e seu comportamento grosseiro é, provavelmente, a sua melhor defesa. Quando esses jogadores percebem que essa estratégia desagradável não funciona, em geral eles focam sua atenção e seus olhares em outra coisa.

Alguns jogadores agressivos tentarão desestabilizar você movimentando-se ou movendo objetos (canecas, bebidas) para dentro da sua área da mesa. Se eles fizerem isso, peça, educadamente, que se retirem ou removam suas bebidas ou pertences do seu território de jogo (veja figuras 11 a 13). Se eles não obedecerem, você tem todo o direito de chamar o gerente do andar, se estiver em um torneio ou em um cassino, e registrar uma reclamação.

Não deixe que o comportamento ameaçador deles o irrite; no momento em que isso acontecer, eles ganharão a melhor mão e, provavelmente, baterão a sua também.

Observações verbais abusivas – insultos, provocações e desafios – consistem em outra forma de comportamento agressivo utilizado para abalar os jogadores e tirá-los do jogo. Às vezes, o comportamento verbal não é abusivo, mas, em vez disso, uma abordagem utilizada pelos jogadores experientes para terem uma noção da força das cartas que você está segurando. Já vi Phil Hellmuth usar essa tática inúmeras vezes para ganhar vantagem. Em um torneio, vi Phil perguntar a outro jogador que tinha acabado de subir sua aposta: "O que tem aí?". O cara olhou para

A Base Fisiológica das Reações Corporais: NÃO é Óbvio! 61

Fig. 10. Intimidação de mulheres olhando em seus seios.

Fig. 11. Intimidando pela violação territorial. Nesse caso, com uma caneca.

Fig. 12. Intimidando com o corpo. Em geral, postura de cotovelo.

Fig. 13. Intimidação de jogadores usando os cotovelos.

baixo, mansamente, e mordeu o lábio (um comportamento de quem tem confiança baixa, combinado com uma ação tranquilizadora, normalmente indicativa de blefe). Phil o pegou; ele estava, de fato, blefando. O desafio verbal de Phil foi suficiente para desarmar seu oponente. Em outra ocasião, Phil fez a mesma pergunta ao seu oponente ("O que você tem aí?"), e dessa vez a resposta foi: "Tenho uma mão boa". O problema foi que, quando o jogador respondeu, sua voz tremeu, uma clássica reação verbal que indica confiança baixa. O comportamento verbal dessa pessoa ofereceu a reação corporall que Phil precisava para determinar que seu oponente estava blefando.

Esteja um oponente tentando fazer observações verbais abusivas para comprometer a eficácia do seu jogo ou fazendo perguntas para avaliar a força da sua mão, sua reação deve ser a mesma: *ignore os comentários e permaneça em silêncio*. Não se deixe envolver em brigas verbais, nem revele reações corporais em seu discurso. Parafraseando o título de um filme sobre um antigo submarino, "Jogue em silêncio, jogue profundamente". E, enquanto estamos no tópico sobre navios em alto-mar, lembre-se do adágio da Segunda Guerra Mundial: "Bocas abertas afundam navios". Na mesa de pôquer, bocas abertas podem afundar as fichas! Claro que praticar esse estilo nada comunicativo não o tornará a pessoa mais popular ou amigável da mesa. Em vista disso, *não* é um estilo que eu recomende quando você está em casa, jogando socialmente suas partidas semanais de pingos baixos. Porém quando o pingo envolve muito dinheiro, quando você está jogando *seriamente*, deve ficar mais calado do que um rato de igreja na biblioteca da escola.

Ninguém deve se sentir obrigado a ser sociável e comunicativo quando está jogando pôquer com pingos altos. É mais importante ocultar as reações corporais que ganhar concursos de popularidade quando muito dinheiro e jogadores habilidosos estão reunidos em uma mesa. Annie Duke é um ótimo modelo para esse tipo de jogo. Fora do jogo, ela é comunicativa, gregária e divertida; mas, quando se senta em uma mesa de pôquer, ela é toda negócios. Ela não está ali para socializar e conversar; está ali para fazer o seu trabalho de um modo sensato. Essa é uma das razões para ela continuar tendo sucesso nos maiores jogos e torneios de pôquer no mundo.

Uma nota final sobre nosso legado límbico

Neste capítulo, aprendemos que todos os comportamentos são governados pelo cérebro. Examinamos o "cérebro pensante", o neocortical e o "cérebro emocional", o sistema límbico. Ambos os cérebros cumprem funções importantes, mas, para os nossos propósitos, o sistema límbico é mais crucial porque é o cérebro mais *honesto* e é responsável pela produção das reações corporais mais significativas em uma mesa de pôquer.

Para compreender como o cérebro límbico funciona, estudamos três funções cruciais de sobrevivência e os comportamentos associados a elas, que vocês precisam conhecer e entender para jogar pôquer de forma eficaz.

Congelar: supercontrole, restrição, quietude.
Fugir: afastamento, comportamentos de bloqueio, trejeitos.
Lutar: jogo agressivo, intimidação, desrespeito.

Há um aspecto do nosso legado límbico que deixei de mencionar, pelo menos até agora. O *grau* ou *intensidade* da nossa reação límbica é, em grande parte, determinado pela importância percebida do estímulo no nosso mundo. Se estamos caminhando em um parque e cruzamos com um gato doméstico, nossa excitação será mínima. O animal não representa uma ameaça ou um perigo real. Se, por outro lado, cruzamos com um leão de montanha selvagem, nosso mecanismo de sobrevivência primitivo entra em ação e o cérebro límbico nos faz congelar e então, se necessário, fugir ou lutar.

O mesmo ocorre na mesa de pôquer. Se você estiver em um jogo caseiro e barato, suas reações límbicas serão minúsculas. O efeito de perder 10 dólares ou 20 dólares não é relevante o suficiente para envolver o cérebro emocional. Em jogos grandes, contudo, nos quais quantias consideráveis de dinheiro estão envolvidas (em particular nos torneios, em que os pingos envolvem milhões de dólares), você verá reações límbicas significativas, assim como as reações corporais que elas produzem. De certa forma, quanto maior o jogo, maiores são as reações corporais... e quanto maiores as reações corporais, maiores serão os seus lucros, se você puder ler as pessoas de forma eficaz.

Detectar reações corporais é tão fácil assim?

Essa é uma das perguntas que mais ouço quando dou palestras sobre reações corporais de pôquer. A resposta é sim e não. Quando você tiver lido este livro, algumas reações corporais se destacarão – elas, literalmente, gritarão por sua atenção. É por isso que muitos participantes do Camp Hellmuth, depois de uma hora de instruções, foram capazes de jogar pôquer em cassinos e ganhar um bom dinheiro. Eles puderam identificar aquelas reações corporais mais fáceis e tirar vantagem delas. Por outro lado, existem muitas reações corporais que são bem mais sutis e, para serem detectadas e decifradas, exigem aquele tipo de *observação cuidadosa* que discutimos no capítulo anterior. Apresentaremos e examinaremos essas reações corporais nos últimos capítulos do livro.

E se eu não quiser fazer o esforço necessário para ler as pessoas de forma eficaz?

A simples resposta é que você não se sairá tão bem na mesa de pôquer. Porém, ainda há algo que pode fazer para enriquecer seu jogo. Se você decidir que se tornar proficiente na leitura das pessoas exige trabalho demais, então me deixe fazer-lhe um pedido: por favor, não pare de ler ainda. Termine o próximo capítulo. Depois que tiver terminado, pode fechar o livro para sempre e seguir com a sua vida. Mas leia antes esse capítulo! Se você aprender apenas o que está nessas páginas, suas perdas na mesa se reduzirão de forma significativa, pois as pessoas não se aproveitarão de suas reações corporais não verbais para ganhar o seu dinheiro. E, o melhor de tudo, o que eu irei lhe pedir não é algo tão difícil.

Capítulo 3

Aprenda a Ocultar, Não a Revelar!

Os comportamentos não verbais (reações corporais) podem impactar o seu bem-estar financeiro nas mesas de duas maneiras.

1. Você pode *ganhar* dinheiro usando as reações corporais dos seus oponentes, jogando contra eles de forma mais eficaz.
2. Você pode *economizar* dinheiro quando seus oponentes não conseguirem usar suas reações corporais para jogar de forma mais eficaz contra você.

Esses dois itens nos levam ao *Axioma de Navarro: para guardar o seu dinheiro, aprenda a ocultar e a não revelar.* Mesmo se você for um leitor fraco de reações corporais e não aprender nada neste livro além do que está contido neste capítulo, ainda assim você poderá preservar muitas das suas fichas se aprender a dissimular a maioria das suas reações corporais (quanto mais, melhor) para os outros jogadores da mesa. Quanto menos você revelar, mais tubarões ficarão sem suas refeições.

Para alcançar o objetivo deste capítulo, terei de convencer alguns de vocês de que ocultar reações corporais é algo importante e persuadi-los a seguir os passos necessários para alcançar esta discrição. O convencimento será necessário, porque alguns de vocês cometem uma ou mais das seguintes concepções errôneas.

1. *Ocultar reações corporais não é tão importante porque a maioria das pessoas nem olha para elas.*

   Pelo fato de muito do sucesso dos jogadores de pôquer vir da leitura de pessoas, em oposição à compreensão sobre como jogar as cartas, você pode ter certeza de que há muito o que examinar nas reações corporais às mesas. Há também uma percepção crescente na comunidade de pôquer sobre o papel crucial das reações corporais em um jogo eficaz. Conversando com jogadores de todos os níveis de experiência e de habilidades, há quase uma unanimidade acerca da necessidade de identificar as reações corporais nas mesas – e a popularidade desse tópico nas palestras e acampamentos sobre pôquer expressa a disposição dos jogadores de aprenderem a respeito e procurarem por reações corporais em seus oponentes.

2. *Mesmo que os jogadores procurem por reações corporais, descobri-las não oferecerá o tipo de informação que ajuda alguém a ganhar mais dinheiro nas mesas.*

   Jogadores que acreditam nessa informação tornam-se pedaços de carne saborosos na base da cadeia alimentar. Esqueça os tubarões das cartas, esses indivíduos tornam-se presas fáceis para peixinhos do pôquer: indivíduos que estão começando a jogar, mas levam a vitória a sério. É por isso que os participantes do Camp Hellmuth, depois de apenas 60 minutos de instruções sobre a identificação de reações corporais, foram capazes de ganhar milhares, em questão de horas, nas mesas de pôquer de Las Vegas. Pessoas que não fazem nenhum esforço para ocultar suas reações corporais podem, da mesma forma, deixar que levem seu dinheiro, porque estão sujeitas a uma grande hemorragia de dinheiro na mesa de pôquer.

3. *A maioria dos jogadores não tem reações corporais, portanto, não há necessidade de ocultá-las.*

   Esse é um pensamento perigoso, pois jogadores que pensam não terem reações corporais não conseguirão eliminá-las. O fato é: nós todos temos reações corporais. Todo mundo. Profissionais, amadores, iniciantes, veteranos – não importa. Ninguém está imune às reações corporais, apesar de alguns jogadores terem mais do que outros. Com o esforço apropriado, cada um de nós poderá, no futuro, ter menos reações corporais do que temos hoje.

Tudo isso dito, espero que você queira ocultar as reações corporais que podem estar se revelando às mesas. Em breve, recomendarei uma técnica para fazer isso. O importante é lembrar que, mesmo que você não possa ocultar *todas* as suas reações corporais, qualquer redução – principalmente das reações corporais óbvias – fará com que você economize dinheiro a longo prazo.

Adotando uma postura robótica às mesas

Gostaria que você imaginasse um braço robótico em uma fábrica automatizada. Dia após dia, mês após mês, ano após ano, ele continua a fazer a mesma coisa da mesma maneira. Sua *performance* é uma representação magistral de repetições implacáveis, um comportamento que nunca muda, uma ação que reaparece repetidas vezes. Um observador poderia rapidamente se entediar ao observar essa máquina. Não demoraria muito até que tivesse visto o suficiente e desviasse sua atenção para outra coisa.

Isso é exatamente o que queremos focar na mesa de pôquer! Quero ensinar a você uma rotina de dissimulação altamente estilizada, repetitiva e ocultadora de informação, para que se apresente nas mesas e manuseie suas cartas. Se isso puder ser alcançado, você terá duas vantagens tremendas na mesa.

1. Você reduzirá o número de reações corporais que exibe à mesa.
2. Porque o seu comportamento na mesa é repetitivo e nunca varia, os oponentes rapidamente ficarão entediados ao observar-lhe e desviarão seus olhares para outros lugares, em busca de jogadores mais interessantes para observar.

O que você precisa fazer, então, é desenvolver uma postura robótica (automática, repetitiva) ao lidar com suas cartas e apostas, que seja consistente e dissimule seus comportamentos não verbais. Você quer se tornar tão repetitivo que passará despercebido pelo radar do interesse humano. Você quer que as pessoas se cansem de olhar para você porque não há nada a ser descoberto, porque nada mudou, porque eles já viram tudo isso antes. Além disso, ao aderir a um comportamento rígido e repetitivo na mesa, você eliminará as reações corporais que poderiam surgir se o seu comportamento fosse mais flexível.

Nas fotografias das próximas páginas, forneço a você uma metodologia para lidar com suas cartas e estabelecer uma postura adequada à mesa. Estude as fotos e as descrições que ofereço. Em seguida, pratique jogar desse jeito às mesas. Se conseguir manter essa postura no seu jogo, você se tornará uma leitura difícil e, nas análises finais, uma pessoa pouco interessante à mesa... *exatamente* o que você quer ser.

Um guia passo a passo para estabelecer sua imagem à mesa

1. Quando você se sentar à mesa, dedique um tempo para se acomodar no seu assento. Você deverá assumir uma postura, uma posição na cadeira e uma distância da mesa que sejam fáceis e confortáveis para serem mantidas por longos períodos de tempo. Seu objetivo será manter sua postura e posição com o mínimo de desvio possível (veja figura 14).

2. Arrume suas fichas em pilhas claras, para que possam ser facilmente vistas e contadas por você, pelo *dealer* ou por outro jogador (somente pelo olhar). Mantenha a pilha de fichas em ordem ao longo do jogo.

3. Quando receber suas cartas fechadas *hole,* você deverá olhar para elas do mesmo modo, todas as vezes. Recomendo que você olhe para suas cartas com a cabeça baixa. Isso oferecerá menos informações. Tente ver as cartas sem pegá-las, para que não apresente nenhum movimento das mãos. Tendo observado suas cartas, não olhe para cima; continue olhando para baixo. Tente manter a mesma expressão facial, independentemente das cartas que olhar. Além disso, tente olhar suas cartas fechadas pelo mesmo período de tempo sempre que as mãos forem distribuídas (veja figura 15).

4. Quando você tiver terminado de olhar suas cartas fechadas, junte suas mãos, uma sobre a outra, e eleve-as ao nível da sua boca. Então, sente-se (veja figuras 16 a 19) com os cotovelos levemente para fora e as mãos sobre sua boca. Mantendo essa posição, ficará difícil para seus oponentes observarem seus olhos ou detectarem as reações corporais da sua boca ou nariz. Ao mesmo tempo, você estará bloqueando a maior parte do pescoço, que pode revelar informações sobre o que você tem e, ao manter suas mãos em concha, em uma posição específica, você estará reduzindo as reações corporais que as envolvem e a seus movimentos em outras áreas do seu corpo e/ou na mesa.

Fig. 14. Encontre e use uma posição confortável para sentar.

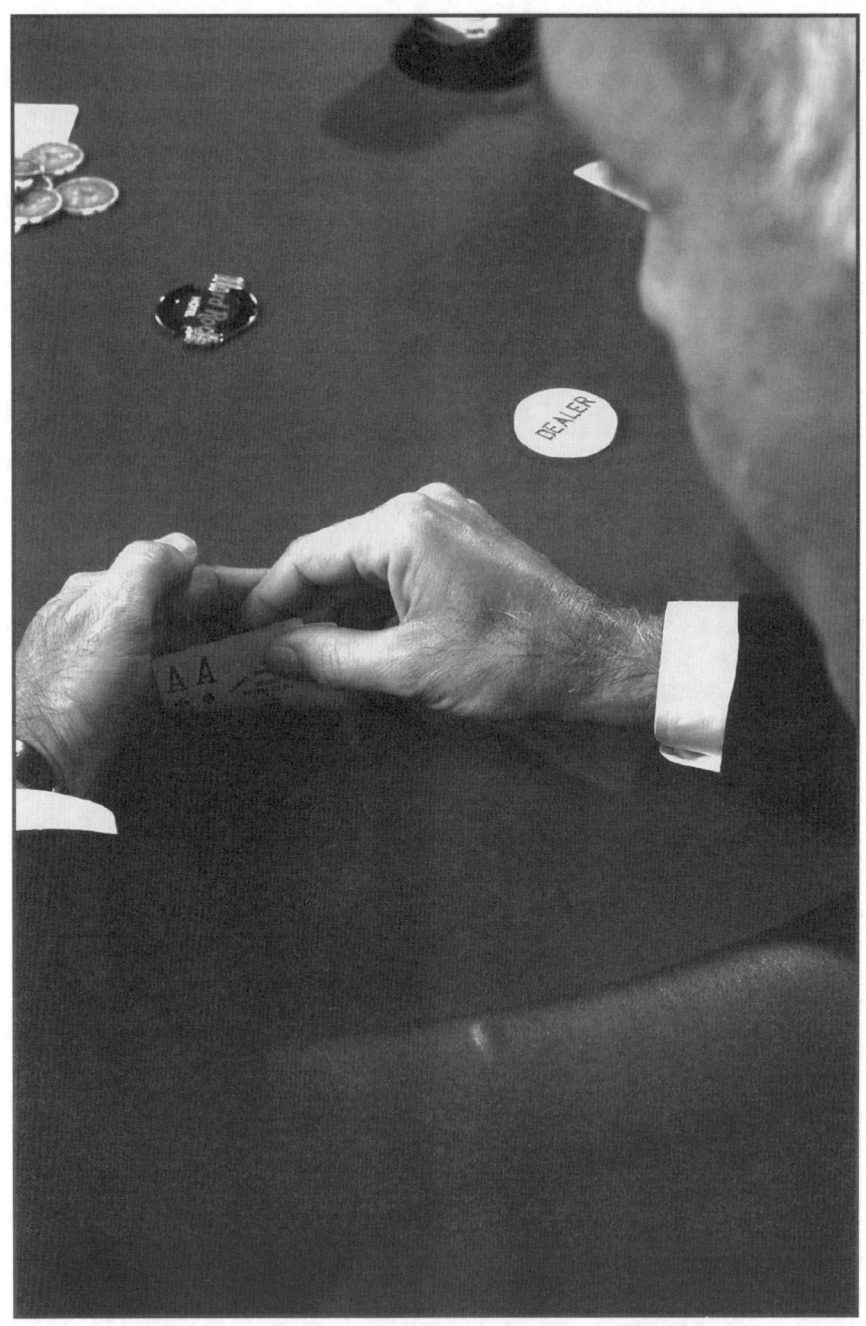

Fig. 15. Inicie uma rotina ou processo robótico para olhar as cartas.

Fig. 16. Examine as cartas com o rosto abaixado.

Fig. 17. Não varie sua rotina, mantenha as mãos juntas à sua frente

5. Empenhe-se para manter a mesma postura e distância da mesa durante a partida.
6. Quando você apostar, saiba o que fará antes de partir para a ação. Faça anúncios verbais curtos e consistentes ao longo do jogo. Sempre movimente suas fichas para o pote da mesma maneira, com uma afirmação simples como *"call"*, "aumento", "reaumento" ou *"all in"*.* Quando você tiver colocado suas fichas no pote, retorne, imediatamente, à sua posição padrão, com as mãos em concha na frente da boca.
7. Não faça movimentos irrelevantes com nenhuma parte do seu corpo – pernas, tronco, mãos, braços, rosto – durante a

---

*N.T.: Quando um jogador aposta todas as suas fichas.

Fig. 18. Fixe sua posição. As mãos juntas e bloqueando a boca.

Fig. 19. Mantenha sua posição como parte da rotina; no fim, os outros o ignorarão.

partida. Se precisar se movimentar na cadeira, coce o pescoço, boceje, morda os lábios ou se mexa e se estique para ficar mais confortável; faça isso *entre* as partidas ou durante partidas em que você não estiver jogando.

8. Tente manter a mesma expressão facial durante todo o jogo.
9. Permaneça, quanto for possível, sem se comunicar na mesa, durante e entre as partidas. Não se envolva em conversas ou em contatos visuais com outros jogadores, a não ser que seja absolutamente necessário. Lembre-se: seu comportamento verbal e visual podem oferecer reações corporais valiosas a seu adversário.
10. Se algum jogador lhe pedir que conte as fichas, você pode fazê-lo de forma rápida, já que as manteve ordenadamente empilhadas e divididas de acordo com a denominação. Sem tocá-las, se possível, conte e depois, sem olhar para o jogador, simplesmente anuncie o total.

11. Lembre-se de que seu cérebro límbico está afetando seu comportamento da mesma forma que afeta as ações de seu oponente. Ao manter a mesma postura, a distância da mesa e a postura das mãos, você reduz a probabilidade de demonstrar uma reação límbica, mas você não a elimina. Tente manter um padrão normal de respiração, mesmo quando blefar. Mantenha seus pés planos no chão. Tente manter sua voz e suas mãos estáveis.

12. Repita o mesmo comportamento, partida após partida. Isso é essencial para minimizar suas reações corporais e maximizar as chances de que os outros jogadores o ignorem e desviem sua atenção para outro oponente com linguagem corporal mais interessante. Isso fica bem na televisão? Não. Se todos agissem de forma robótica, a maioria dos espectadores pegaria o controle remoto para mudar de canal. Mas lembre-se, seu objetivo à mesa é ganhar dinheiro, não o Oscar. Se restringir seus movimentos significa preservar seus ativos, restrinja-os. Parafraseando a antiga rima infantil, seja "um para o dinheiro" e deixe que os outros sejam "dois para o show"; assim, você ficará "livre para jogar firme" e não será "forçado a sair".*

Terei dificuldade para ocultar minhas reações corporais?

As pessoas são diferentes, de modo que não deve ser surpresa o fato de que alguns indivíduos têm mais facilidade para ocultar suas reações corporais que outros. Para começar, alguns jogadores apresentam mais reações corporais e será um desafio maior para eles ocultá-las. A quantidade de esforço que os indivíduos estão dispostos a despender para conseguir ocultar suas atitudes não verbais também varia. Aqueles que estão comprometidos com a tarefa e trabalham duro nisso, provavelmente terão resultados bem-sucedidos em um período mais curto de tempo. Mas o ponto principal é: ocultar, e não revelar é uma meta atingível. Considere o caso de Alice Thompson (não é seu nome real). Ela foi uma participante do primeiro Camp Hellmuth e era uma "transmissora de reações corporais" na prática – ela emitiu reações corporais na mesma proporção que um isótopo nuclear emite radiação. Os jogadores estavam tirando vantagem dela nas mesas, usando suas reações corporais para denunciá-la quando estava blefando

---

*N.T.: Tradução da paráfrase: *"One for the money, two for the show, free to play steady, forced to go".*

e desistindo ao perceber que ela tinha mãos fortes. Puxei a mulher de lado e passei uns dez minutos destacando suas reações corporais mais óbvias. Eu disse que ela piscava para suas cartas quando tinha uma mão ruim e cerrava o maxilar quando o *flop* não vinha do jeito que desejava. Depois, eu sugeri maneiras (descritas neste capítulo) de ocultar suas reações corporais. Ao final do dia seguinte, ela havia melhorado seu jogo de forma tão dramática que chegou à mesa final do torneio especial do acampamento! Ela mudou completamente o seu comportamento e se tornou uma leitura difícil. Você pode não alcançar os resultados de Alice tão rapidamente quanto ela, mas, com dedicação, poderá realizar o mesmo que ela.

Verificando a exatidão da sua imagem à mesa

Tudo bem, agora você chegou ao perfil de melhor dissimulação na mesa, que reduz suas reações corporais não verbais e encoraja seus oponentes a olhar para outro lugar em busca de informações úteis. A questão é: como você pode avaliar se sua nova imagem à mesa está adequada? Uma maneira, claro, é fazer isso no decorrer do jogo, mas pode ser caro e estressante... em particular se sua imagem precisar de um ajuste fino. Recomendo que você trate o desenvolvimento da sua nova imagem à mesa como um ator treinando para se apresentar em uma peça. Primeiro, deve ensaiar seu papel antes de aparecer ao vivo no palco. Em seguida, você precisa da reação de alguém em quem confie quando fizer seu ensaio final.

Eu procederia assim: em um primeiro momento, compraria, pegaria emprestado ou alugaria um gravador de vídeo. Hoje em dia, esses equipamentos não são tão caros. Coloque-o em um tripé e jogue com amigos, em sua casa. Mantenha a câmera focada em você e deixe gravar por algumas horas, enquanto estiver jogando. Assegure-se de sentar no final da mesa, para que a câmera possa captar seu corpo inteiro enquanto joga. Depois, volte e dê uma olhada no que foi gravado e pergunte: "O que eu vejo aqui?". Do mesmo modo que nos chocamos ao ouvir, pela primeira vez, nossa voz em uma gravação, a maioria dos indivíduos fica surpresa quando se vê na câmera pela primeira vez e percebe como certas partes do seu corpo apresentam reações corporais não verbais que revelam suas intenções e a força de sua mão, sem perceber. Sua recompensa por fazer esse esforço deve ser evidente depois de algumas horas de filmagem. Você, provavelmente, se tornará capaz de identificar a maioria das reações corporais que são vistas pelas outras pessoas e utilizadas em seu benefício. Agora, você estará em posição de eliminar esses comportamentos denunciadores e apresentar uma imagem mais discreta à mesa.

Na segunda e última fase desse exercício, eu escolheria um amigo que joga pôquer em quem você pode confiar; um indivíduo que tenha lido este livro e esteja familiarizado com as reações corporais, e peça-lhe para observar você jogando em sua casa. Peça-lhe para tentar identificar alguma reação corporal no seu comportamento às mesas. Se ele conseguir, você poderá fazer mais algumas mudanças; se ele não conseguir, então é provável você estar pronto para as cortinas se abrirem para sua atuação em um cassino, com sua nova *persona* do pôquer. Apenas lembre-se de não deixar que os pingos altos o levem de volta para seu comportamento revelador de reações corporais. Quando quantias significativas de dinheiro estão envolvidas, será sempre mais difícil ocultar seus comportamentos límbicos. Além disso, monitore-se a intervalos regulares (ou receba *check ups* periódicos do seu amigo) para garantir que seus antigos hábitos não verbais não ressurjam. Dito isso, que o jogo comece!

E o uso de óculos escuros para ocultar comportamentos?

Óculos escuros podem ser um modo bastante eficaz para esconder e não revelar – portanto, eu os recomendo para jogadores que sintam necessidade deles. Você já se perguntou por que os agentes do Serviço Secreto dos Estados Unidos usam óculos escuros? Na verdade, há duas razões: para que as pessoas não possam ver para onde estão olhando; quem os usa parece pouco amistoso e, assim, ele não precisa lidar com a aproximação de muitas pessoas. Eu adicionaria uma terceira razão: eles intimidam, pois quem os usa parece ter mais autoridade e estar no controle da situação.

Essas não são más razões para usar óculos escuros à mesa, em especial se seu objetivo for esconder e não revelar. Se um adversário não pode ver para onde você está olhando, há menos chance de ocorrer um confronto visual e um possível surto de comportamento agressivo à mesa. Além disso, o fato de você parecer pouco amistoso reduzirá a probabilidade de outros jogadores começarem a conversar com você, algo que não é desejável para um jogador que está tentando mascarar em vez de divulgar informações. Por fim, se puder sustentar uma imagem de intimidação à mesa, é menos provável que outros jogadores façam jogos mentais com você, o que fará com que você conserve seu manto de anonimato.

Existem outras razões para usar óculos escuros. Eles podem bloquear muitas reações corporais oculares, tais como mudanças no tamanho das pupilas (mais visíveis em pessoas que têm olhos azuis ou verdes), variações na órbita ocular e arqueamento das sobrancelhas. A vantagem de bloquear essas reações corporais não deve ser subestimada. Na palestra que fez sobre pôquer, Phil relatou um incidente no qual ele percebeu que seu oponente levantou as sobrancelhas quando viu suas cartas – uma reação corporal que indica *confiança alta*. Phil, de forma sábia, desistiu e economizou muito dinheiro, porque seu oponente tinha o jogo perfeito.

E que tal usar um chapéu?

Novamente, isso depende da pessoa. É inacreditável como algumas pessoas deixam transparecer tantas coisas em seu rosto. Sugeri a uma senhora jogadora de pôquer que ela arranjasse uma viseira, porque eu estava lendo suas reações corporais faciais a três mesas de distância. Sempre que ela ficava com uma mão ruim, franzia a testa e revirava os olhos. Juntas, essas expressões são conhecidas como *reações corporais de desdenho*. E, cada vez que ela exibia esses comportamentos, desperdiçava sua mão. Ela podia, da mesma forma, levantar a mão e dizer: "Vou desistir!". Se você é como ela, então arrume uma viseira ou um chapéu e mantenha a cabeça baixa... você é fácil demais de ser lido.

Todos esses acessórios de vestuário trazem, é claro, uma questão interessante. Onde colocamos um limite? Devemos todos jogar como Phil Laak, o "homem bomba", com seu casaco de capuz cobrindo a maior parte do seu rosto? E que tal uma máscara que cubra toda a sua cabeça? No World Series of Poker, havia um cara usando um elmo. Tenho certeza de que isso o ajudou a esconder suas reações corporais. Isso é apropriado? Talvez todos devessem vir vestidos com uma burca, com apenas uma fenda para os olhos (que poderiam ser cobertos com óculos escuros). Isso eliminaria a grande maioria das reações corporais e seria quase equivalente a um jogo *on-line*.

Jogar com acessórios que bloqueiam as reações corporais dá a alguns jogadores uma vantagem injusta?

Sim.

Alguma coisa será feita a esse respeito? Eu não sei. Talvez, no futuro, os grandes torneios sejam jogados sob um conjunto de regras uniformes, que regularão o que as pessoas podem e não podem vestir nas mesas. Esse seria o modo mais justo de lidar com esse assunto; colocaria todos na mesma posição. Até que esse momento chegue – isso se ele chegar –, sugiro que cada jogador julgue, por conta própria, se acessórios como óculos escuros e chapéus podem ajudá-lo a ocultar e não revelar. Se sua conclusão for afirmativa, então eu digo que os use. Qualquer brecha legal que houver à mesa deve ser explorada, ainda mais em torneios de pôquer, em que ocultar ou revelar uma reação corporal pode fazer uma diferença que vale milhões de dólares.

Uma conduta de dissimulação do Homem de Preto

Um jogador de pôquer precisa sempre tomar cuidado para não revelar reações corporais; caso contrário, ele correrá o risco de sofrer ruína financeira, causada por aqueles que observam o suficiente para detectá-las. Isso exige que você monitore constantemente seu jogo, para ter certeza de que não está revelando reações corporais e que, quando necessário, utilizará "acessórios" para reduzir a probabilidade de que essas reações corporais sejam identificadas, mesmo que você as deixe escapar.

Há vários passos que executo para reduzir as chances de emitir reações corporais durante o jogo e/ou para torná-las mais difíceis de serem detectadas, caso eu as revele ao longo do jogo. Usar óculos escuros ajuda a ocultar as reações corporais oculares. Minha posição "punhos na frente do rosto" me protege de revelar reações corporais bucais. Também uso, em geral, uma jaqueta preta que eu fecho até a gola para que meus adversários mal possam ver meu pescoço e meu queixo. Também me esforço para conferir minhas cartas sempre da mesma maneira, estejam elas fortes ou fracas. Por fim, costumo usar um chapéu que tampa a minha testa, ocultando qualquer reação corporal facial que possa revelar a força da minha mão.

Capítulo 4

A Parte Mais Honesta do Seu Corpo

No capítulo 1, pedi para você adivinhar a parte mais "honesta" do corpo – a parte mais suscetível de revelar as *verdadeiras* intenções da pessoa e, portanto, o primeiro lugar a ser observado em busca de reações corporais, para que você consiga ter seu oponente na palma da mão.

A resposta é... seus pés!

Isso mesmo, seus pés ganham o prêmio de honestidade, de mãos, digo, pés limpos.

"Mas", você protestará, "mesmo que isso seja verdade, de que adianta? Não posso ver os pés dos oponentes por baixo da mesa de pôquer".

Bem, na verdade, você pode, em certas circunstâncias. E, além disso, há jeitos mais eficazes para determinar o comportamento do pé do que espiar debaixo da mesa. Explicarei, em breve, como isso pode ser feito, mas primeiro quero lhe dizer *por que* seus pés são a parte mais honesta do seu corpo. Ao fazer isso, você compreenderá melhor por que os pés são candidatos tão bons para revelar as reações corporais de pôquer e por que eles se comportam desse jeito.

Uma nota de rodapé evolutiva

Por milhões de anos, nossos pés e mãos foram nossos meios de locomoção primários e os principais meios pelos quais sobrevivemos. Maravilhas da engenharia, nossos pés fornecem uma plataforma que nos permite sentir, andar, virar, correr, girar, equilibrar, chutar, subir, jogar, agarrar e até escrever. E, apesar de não serem tão eficientes quanto nossas mãos (não temos dedões do pé opositores), ainda assim, como Leonardo da Vinci uma vez comentou, nossos pés foram projetados com tal primor para se tornarem um testemunho da obra de Deus.

Nossos pés e pernas acomodam qualquer pensamento que passe por nossas cabeças. Quando queremos correr, nossos pés adaptam-se para a tarefa; quando queremos pular, eles não nos decepcionam. Quando um barco balança, ajuda-nos a manter o equilíbrio; quando nos sentimos ameaçados, nossos pés, imediatamente, preparam-se para fugir. Como o escritor e zoólogo Desmond Morris uma vez observou, nossos pés comunicam exatamente o que pensamos e sentimos de forma mais precisa e honesta que qualquer outra parte do nosso corpo.

Por que os pés e pernas refletem de forma tão precisa os nossos sentimentos? Por milhões de anos, bem antes de falarmos uma língua em comum, nossas pernas e pés reagiam às ameaças do ambiente (fogo, cobras, leões) instantaneamente, sem a necessidade de um pensamento consciente. Nosso cérebro límbico garantia que nossos pés e pernas reagissem conforme a necessidade, ou pelo movimento do congelamento, ou fugindo, ou combatendo uma ameaça em potencial. Essa característica de sobrevivência, comum a todos os hominídeos, serviu-nos bem. Esse sistema afinado é tão sensível que, quando nos deparamos com algo perigoso ou até desagradável, nossos pés e pernas ainda reagem da mesma maneira. Primeiro, eles congelam; depois, tentam se distanciar; e, por fim, se não houver nenhuma outra alternativa, preparam-se para lutar e chutar.

Esse mecanismo de congelamento, fuga e luta, como foi anteriormente apontado, não exige um processo de alto nível cognitivo; é reativo e emocional (límbico). Nossos pés e pernas não reagem apenas a ameaças e estresses, também reagem a emoções, negativas *e* positivas. A dança e celebração que fazemos hoje é uma extensão da exuberância comemorativa que exibíamos milhões de anos atrás, depois de uma caçada bem-sucedida. Ao redor do mundo, são os pés e as pernas que tantas vezes comunicam felicidade, sejam guerreiros masai pulando alto ou casais dançando com entusiasmo. Nós até batemos os pés em uníssono nos jogos com bola para fazer com que o nosso time saiba que estamos torcendo por ele.

Ao longo dos séculos, enquanto nossa espécie desenvolvia habilidades vocais e a linguagem, a necessidade de observar os pés tornou-se menos importante, porque podíamos avisar de algum perigo a distâncias maiores. Ainda assim, nossos pés continuam sendo um dos fornecedores de sentimentos e sensações mais importantes e verdadeiros.

Nosso dia a dia está cheio de provas dessa afirmação. Você mesmo pode ver isso acontecendo. Note quando duas pessoas (chamadas de *díade*) estão falando em um corredor, querendo ter uma conversa privada, seus pés se espelharão e ficarão posicionados de frente, uns para os outros. Se alguém se aproximar da díade, será admitido de um jeito ou de outro pelos pés. Se os pés das duas pessoas ficarem parados, uns de frente para os outros, e apenas a parte superior do torso se mexer, daí elas realmente não querem que aquela terceira pessoa se aproxime. Se, por outro lado, os pés das duas pessoas se abrirem para recebê-la, então podemos supor que ela é verdadeiramente bem-vinda. A maioria das pessoas, no mínimo, virará a parte superior do corpo para a pessoa que está se aproximando; isso é apenas uma cortesia social. Somente quando os pés se moverem, para receber aquela pessoa, que as boas-vindas serão completas e genuínas.

Você também pode observar as crianças e os movimentos de seus pés para um verdadeiro aprendizado. Elas podem estar sentadas para comer, mas, se quiserem sair e brincar, note como seus pés irão balançar, como se esticarão para alcançar o chão, mesmo quando elas não tiverem terminado a refeição. Os pais podem tentar mantê-las no lugar à mesa, mas seus pés ainda se voltarão para a porta. Seu torso pode ser segurado por aquele pai amoroso, mas a criança ainda girará e contorcerá seus pés com persistência em direção à porta – um reflexo preciso de onde elas querem estar. Como adultos, nós somos, é claro, mais contidos, mas apenas um pouco.

Aqueles que dedicam suas vidas para decodificar o mundo que os cerca sabem que os pés, não o rosto, são os fornecedores mais precisos de sentimentos. Tendo feito milhares de entrevistas para o FBI, aprendi a me concentrar primeiro nos pés e nas pernas, por último nas mãos e no rosto. Se você quer decodificar o mundo à sua volta e interpretar comportamentos com precisão, observe os pés e as pernas. Eles são verdadeiramente notáveis e honestos nas informações que transmitem.

Pés felizes à mesa de pôquer

Quando se trata de ler linguagem corporal, a maioria dos jogadores de pôquer começa por cima (rosto) e vai descendo. Minha abordagem é exatamente oposta: eu começo pelos pés e vou subindo. Faço dessa maneira porque, quando se trata da *honestidade* das reações da pessoa, o nível de veracidade diminui à medida que nos movemos da sola dos nossos pés para o topo de nossas cabeças. Portanto, nossos pés são a parte mais honesta do nosso corpo e nosso rosto é a parte mais enganosa.

Quando se pensa a respeito, há uma boa razão para a natureza desonesta de nossas expressões faciais. Mentimos com nosso rosto porque foi o que nos ensinaram desde a mais tenra infância. "Não faça essa cara!", nossos pais rosnavam quando reagíamos com sinceridade ao traiçoeiro pedaço de bife da tia Wilma. "Pelo menos *pareça* feliz quando seus primos estão aqui", eles acrescentavam, e você aprendeu a como sorrir forçado. Mamãe e papai estavam, em essência, dizendo-nos para esconder, ocultar, enganar, mentir com nosso rosto... portanto, nós tendemos a ser muito bons nisso. De fato, tão bons que, quando ficamos com uma cara feliz na mesa de pôquer, agimos como se tivéssemos um jogo fantástico, recebendo dois ases do mesmo naipe nas primeiras distribuições, quando, na realidade, temos um sete e um dois de naipes diferentes e estamos na pior.

Pense bem: se não *pudéssemos* controlar nossas expressões faciais, por que existiria o termo *poker face*?

Portanto, não procuro caras felizes na mesa, busco pelo que chamo de "pés felizes" – pés que se mexem e/ou balançam com alegria. Nossos pés são a parte mais honesta do nosso corpo, porque nunca nos ensinaram a controlá-los e, mesmo se tivessem ensinado, seria difícil conseguir, porque esse comportamento é uma reação do cérebro límbico, que foi conectada ao nosso sistema nervoso durante um período de evolução que demorou milhões de anos.

Há alguns meses, eu estava assistindo à final da World Poker Tour na televisão. Vi um cara receber uma sequência de cinco cartas do mesmo naipe e seus pés estavam descontrolados! Eles estavam balançando e saltando como os pés de uma criança que tivesse acabado de saber que iria ao Disney World. Seu rosto estava estoico, seu comportamento acima da mesa estava calmo, mas embaixo, perto do chão, há uma tremedeira acontecendo! Eu aponto para a TV e anseio para que os outros jogadores desistam. Infelizmente eles não conseguem me ouvir. Dois jogadores fazem apostas e perdem para o *flush* dele.

Esse jogador aprendeu a fazer a melhor *poker face*. Obviamente, ele tem um longo caminho a percorrer quando se trata de fazer os melhores "*p*és de pôquer". Felizmente para ele, seus oponentes não leram este livro... e, como a maioria dos jogadores, passaram suas vidas deixando escapar três quartos do corpo humano – do peito para baixo – e não prestaram nenhuma atenção às reações corporais cruciais que podem ser encontradas ali.

Quando os jogadores têm pés felizes, é porque possuem boas mãos. É uma reação corporal que representa *confiança alta*, um sinal de que o jogador está forte e seus oponentes devem tomar cuidado.

Nas palestras que faço sobre pôquer, os participantes sempre ficam chocados quando falo acerca da importância dos pés felizes.

"Você não pode ver os pés!", eles argumentam.

Isso não é totalmente verdadeiro. Em geral, você pode ver os pés dos jogadores que estão do seu lado, e, mesmo se não puder, há um jeito fácil para determinar se um oponente está com os pés felizes. Você precisa olhar para a sua blusa e/ou para seus ombros: se seus pés estiverem balançando ou pulando, sua blusa e seus ombros estarão vibrando ou se mexendo para cima e para baixo.

Tente você mesmo fazer isso. Sente-se em frente a um espelho de corpo inteiro e comece a agitar ou balançar seus pés para cima e para baixo. Você começará a ver sua blusa e/ou ombros se mexendo. Se você não estiver observando isso, poderá deixar escapar; porém, se estiver disposto a procurar movimentos na blusa e nos ombros, eles poderão ser prontamente detectados na maioria dos casos.

Quando os alunos que assistem às minhas palestras sobre pôquer veem as blusas e os ombros vibrantes de um jogador com pés felizes, é aí, como regra, que a lâmpada se apaga. Eles percebem que estiveram perdendo uma reação corporal importante nas mesas e são rápidos em tirar vantagem disso. Menos de um mês depois do final do primeiro Camp Hellmuth, recebi seis *e-mails* de inscritos contando sobre os ganhos significativos que tiveram nas bancas, apenas pela identificação dos pés felizes dos seus oponentes. Outro participante do acampamento escapou de perder um pote imenso quando decidiu não fazer um *call* em um oponente cujos pés felizes denunciavam a força de sua mão.

Um aviso de cautela: como todas as reações corporais, os pés felizes devem ser considerados dentro de um contexto para que seja possível determinar se representam uma reação corporal verdadeira ou somente um excesso de nervosismo. Por exemplo, se uma pessoa tem, por natureza, pernas agitadas (um tipo de Síndrome das Pernas Inquietas na mesa de pôquer), nesse caso pode ser difícil distinguir entre os pés felizes e sua energia nervosa normal. Contudo, se a frequência ou a intensidade dos movimentos aumentar, principalmente depois de o jogador ter visto suas cartas, posso considerar como um sinal em potencial da melhoria da força de suas mãos.

Procurar pelo lucro debaixo da mesa pode melhorar seu jogo de pôquer!

Procurar por reações corporais que ocorrem na área que fica entre o topo da mesa de pôquer e o chão pode oferecer-lhe alguns retornos interessantes em seu jogo. Aqui estão alguns outros comportamentos dos pés que podem ajudá-lo a ler seus oponentes nas mesas (veja figuras 20 a 24).

1. *Observe pés que se afastam da mesa.* Nós temos a tendência de nos afastarmos de coisas de que não gostamos ou que achamos desagradáveis. Estudos dos comportamentos nas cortes revelam que, quando os jurados não gostam de uma testemunha, eles viram seus pés em direção à porta por onde entraram. O mesmo vale para as pessoas que querem terminar uma conversa. Do quadril para cima, elas estarão olhando para a pessoa com quem estão conversando, mas seus pés se virarão em direção à saída mais próxima. Caso um jogador mantenha seus pés apontados para a frente durante o começo de uma partida e, então, depois de ver a última carta (no *Hold'em,* em

Fig. 20. Pés encostados no chão.

Fig. 21. Os pés, de repente, levantam, uma pista de intenção.

Fig. 22. Os pés voltados para dentro, indicativo de insegurança ou desconforto.

Fig. 23. Tornozelos entrelaçados devem surgir apenas quando o jogador está blefando.

geral o *flop,* o *turn** ou o *river)*, virar seus pés para fora, o movimento, no mais das vezes, é um sinal de separação. Um sinal de que ele não quer mais se envolver naquela mão.

2. *Se uma pessoa está constantemente mexendo ou batendo sua(s) perna(s) e, de repente, para, preste atenção.* Parar pode ser um sinal de que ela está blefando (reação de congelamento). Fique atento se o movimento parar logo depois do jogador fazer uma grande aposta, mais ainda se outros comportamentos de congelamento se evidenciarem (por exemplo, retenção da respiração, supercontrole de outros movimentos corporais).
3. *Se os pés de um jogador forem da posição de descanso (planos) para a posição de prontidão – calcanhar elevado, dedos para a frente – a mudança é um indicativo de que a pessoa planeja agir.* O nome disso é *deixa da intenção* e sugere que a pessoa irá se envolver na mão fazendo um *call,* aumentando a aposta ou reaumentando.

---

*N.T.: É a quarta carta comunitária.

Fig. 24. Tornozelos enroscados em volta das pernas da cadeira é indicativo de autocontenção.

4. *Quando um jogador, de repente, vira seus dedos para dentro ou cruza seus pés, é um sinal de que ele está nervoso e/ou se sentindo ameaçado.* Em geral, esta é uma indicação de que ele tem uma mão pobre ou fraca. Se, depois de fazer a aposta, enroscar os pés nas pernas da cadeira, muitas vezes é um sinal de que ele está blefando. Ele está inseguro e está se contendo.

5. *Se você vir um jogador se afastar da mesa e cruzar as pernas, uma sobre a outra, essa é uma reação corporal que indica confiança alta e sugere que ele tem uma mão boa.*

6. *Quando os jogadores fazem uma aposta alta e depois cruzam seus tornozelos em volta das pernas das cadeiras, essa é uma contenção (comportamento de congelamento) que sugere que eles podem estar blefando.* Eles estão se contendo porque temem que seus blefes sejam detectados por seus oponentes.

7. *Observe o jogador que trava os pés em volta da cadeira e depois mexe as mãos sobre as pernas de sua calça (como se ele estivesse secando as mãos na roupa).* Os pés travados são uma reação de congelamento e a fricção das mãos é um comportamento tranquilizador. Os dois, tomados juntos, fazem com que seja mais provável que o jogador esteja blefando. Sua linguagem corporal está figurativamente dizendo: "Estou muito nervoso; por favor, não descubra o meu blefe". (Olhe a fricção das mãos nas pernas nas figuras 81 e 82, na página 169)

8. *Os jogadores podem ser vistos, às vezes, movendo de repente seus pés da frente da cadeira para debaixo da cadeira.* Normalmente, é um sinal de fraqueza e/ou de blefe, em especial quando ocorrer depois de alguma ação na mesa, como o *flop*.

Descendo para os pés para que você não seja derrotado

Por eles serem a parte mais honesta do corpo, os pés são suscetíveis de oferecer as informações mais precisas e sem censura para o jogador de pôquer que estiver alerta. Aqui está uma lista das várias partes do corpo de uma pessoa, classificada em termos de honestidade.

No topo da lista:
1. Pés (os mais honestos)
2. Pernas
3. Tronco

	4. Braços
	5. Mãos
	6. Boca
	7. Olhos
No final da lista:	8. Rosto (o menos honesto)

Em termos de reações corporais, os pés lhe fornecerão as informações mais precisas, enquanto as reações corporais faciais darão a você as informações menos precisas. Existe, portanto, uma correlação exata entre a honestidade de uma parte específica do corpo e a precisão da reação corporal exibida por essa área do corpo. Em capítulos posteriores, tratarei dessas outras partes do corpo que fornecem reações corporais as quais, embora não sejam tão precisas quanto as dos pés, ainda são valiosas para a leitura de pessoas e para o aumento do seu sucesso nas mesas.

Capítulo 5

Reações Corporais de Envolvimento

O radar é um diagrama de ajuda magnífico. Ao nos fornecer avisos prévios de problemas potenciais, ele nos permite termos mais tempo e informações para superar aquelas dificuldades de forma bem-sucedida. Você consegue imaginar um grande aeroporto internacional sem radar? Posso garantir-lhe, seria o pior pesadelo dos controladores de tráfego aéreo. Os controladores de tráfego aéreo precisam de informações sobre o que está acontecendo ao seu redor; precisam saber onde os pilotos estão e o que eles pretendem fazer para que a segurança aérea seja mantida.

Não seria legal se tivéssemos um radar na mesa de pôquer? Imagine como seria útil se você conseguisse avisos prévios sobre como os jogadores estão em uma partida e o que eles pretendem fazer quando chegar a sua vez de agir. Tal informação, com certeza, faria maravilhas para sua segurança financeira.

Bem, a boa notícia é que você *tem* um radar pessoal à mesa de pôquer... você apenas precisa ligá-lo. Ativar esse radar envolve a exploração contínua dos seus adversários, sabendo para quais reações corporais olhar para ter um aviso prévio de suas intenções e, depois, usar essa informação para jogar sua própria mão de forma eficaz.

A deixa da intenção

No começo da minha carreira como agente do FBI, aprendi ser preciso procurar por algumas reações corporais não verbais se quisesse saber o que a pessoa *pretendia* fazer antes de fazê-lo. Isso era muito útil se a pessoa estivesse planejando agredi-lo fisicamente! Um pouco de aviso prévio pode contribuir muito para evitar ferimentos graves e até a morte. Uma dessas reações corporais não verbais envolve o nariz do indivíduo.

Se você colocar seus dedos dos dois lados do seu nariz, poderá perceber o contorno das narinas. Se aspirar, poderá sentir suas narinas expandindo. Isso é chamado de *abertura nasal* ou *dilatação das narinas*. A abertura nasal é um indicador potente de que a pessoa pretende fazer algo físico. Quando o indivíduo se prepara para agir, ele oxigenará, o que levará o nariz a se expandir. Na minha profissão, se vejo um suspeito olhando para baixo (um ato de ocultação) e se o nariz dele estiver dilatado, existe uma alta probabilidade de ele estar se preparando para me atingir. Conhecer essa informação me permite tomar medidas defensivas apropriadas e evita que eu seja agredido.

E a dilatação das narinas na mesa de pôquer? Podemos vê-la? Sim. Estaremos correndo um risco físico? É provável que não, a não ser que ocorra no meio de uma briga entre jogadores. Na mesa de pôquer, a abertura nasal é uma reação corporal de *intenção* ou de *envolvimento*: informa-nos que o jogador pretende se engajar no jogo. Essa, é claro, pode ser uma informação valiosa se você estiver pensando em chegar ao pote e quiser saber se mais alguém pretende acompanhá-lo. Estive em uma mesa na qual o último jogador esperava sua vez de jogar e, durante todo esse tempo, seu nariz ficou dilatado. Ele mal podia esperar para levar suas fichas para o centro da mesa! Se você estivesse entre os primeiros jogadores a jogar e percebesse a dilatação das narinas desse oponente, isso poderia ajudá-lo a decidir se você deveria desistir, fazer um *call* ou aumentar. Lembre-se: abertura nasal = ação que virá.

Há outras reações corporais de intenção que podem ajudá-lo a determinar o que os jogadores pretendem fazer... antes que façam. Você sempre deve procurar nos seus oponentes sinais de envolvimento *versus* desligamento. O que você geralmente verá, será o tronco do jogador inclinando-se em direção à mesa quando ele for se comprometer em uma partida, e inclinando-se para longe quando ele não quiser se envolver. Uma forma de olhar para esse comportamento é em termos de energia. Gastar energia necessária para ficar na posição de avanço/prontidão, na verdade, sobrecarrega o corpo, que preferia ficar relaxado e à vontade. Portanto, quando uma pessoa está em uma posição relaxada, inclinando-se para a direita ou para a esquerda, e, de repente, muda para a posição de avanço, vejo isso como uma reação corporal *de envolvimento*, como uma *intenção* de agir.

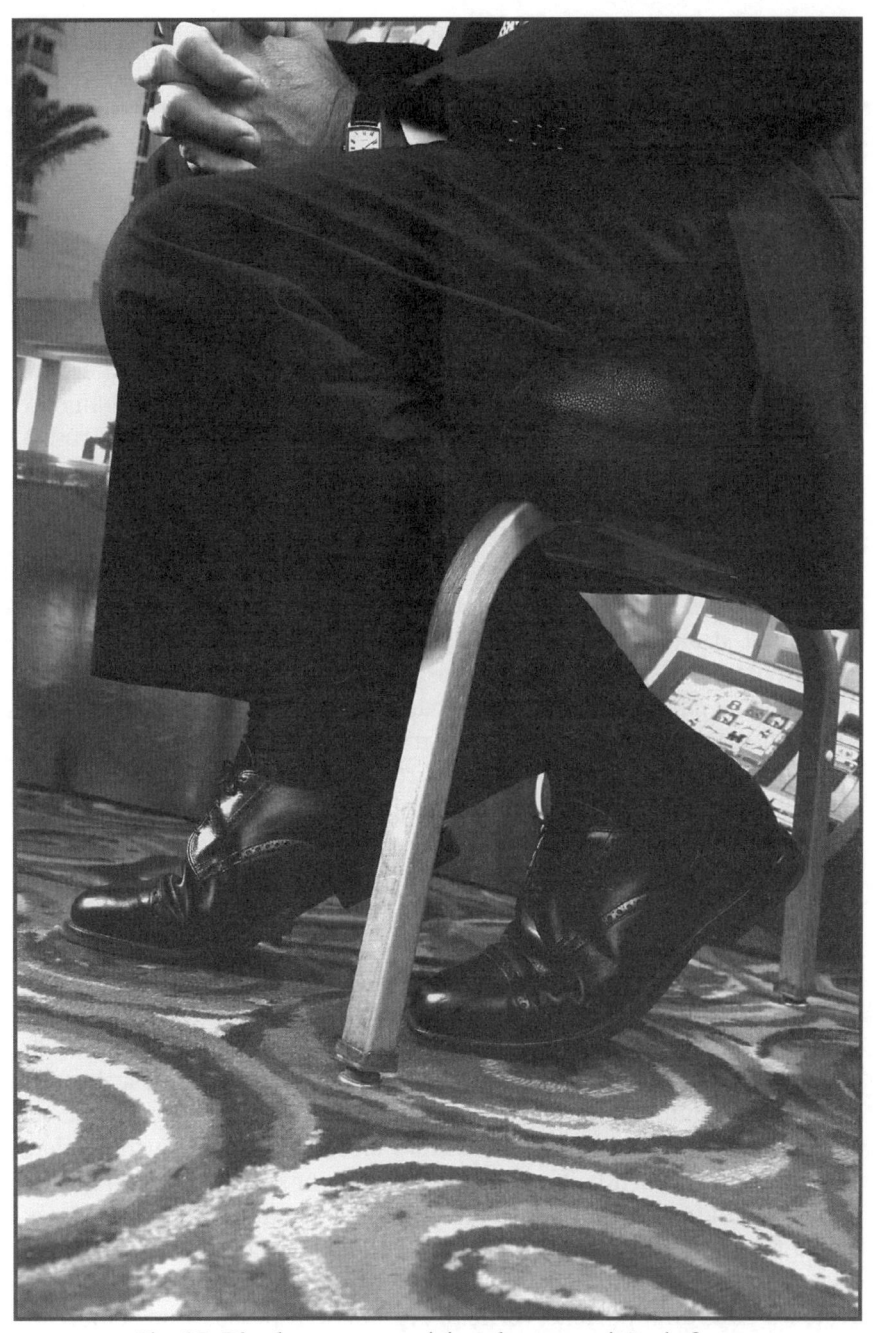

Fig. 25. Pés, de repente, posicionados em posição de fuga, é um grande indicativo de intenção.

Nossas mãos também são uma boa fonte de reações corporais de envolvimento. Quando estamos prontos para participar de algo, tendemos a mexer mais nossas mãos sobre a mesa. Também tendemos a nos inquietar mais, porque estamos esperando chegar nossa vez de agir. Remexer nas fichas não é uma reação corporal muito boa, porque muitas pessoas fazem isso como algo liberador de estresse. Porém, se você vir um jogador mexendo no polegar ou o movendo para cima e para baixo, esse movimento é, em geral, um sinal de engajamento, um gesto que diz: "Estou impaciente para fazer minha aposta". Por outro lado, se você vir um jogador começando a retirar suas mãos da mesa quando as cartas adicionais são distribuídas, ou talvez se afastando das cartas, das suas fichas e/ou da mesa, você pode supor serem sinais de desligamento – que, por alguma razão (talvez um *flop* pobre ou alguma carta ruim), ele está pensando em desistir da mão. De novo, conhecer essa informação antes de ela ocorrer de fato pode ser muito vantajoso para ajudá-lo a determinar a melhor forma de jogar suas cartas.

A posição das palmas das mãos denota reações corporais interessantes. Alguns jogadores se sentam com as palmas das mãos viradas para cima, a chamada posição rogatória (do latim *rogatoriu*, que significa "reza"). Essa *não* é uma posição de prontidão; na posição de prontidão as palmas ficam viradas para baixo. Portanto, se um jogador se sentar sempre com as palmas das mãos para cima e, de repente – em geral depois de ver uma ou mais cartas pela primeira vez – virar as palmas para baixo, há uma chance de ele estar se preparando para jogar sua mão.

A posição dos pés de uma pessoa pode ser um previsor preciso das suas intenções de jogo. Pessoas que estão se preparando para se engajar no jogo colocarão seus pés como um corredor que está se posicionando para a corrida; seus calcanhares deixarão a posição plana no chão para uma postura elevada, e seus dedos apontarão para a frente (veja figura 25).

As dicas dadas pela postura podem também sinalizar intenções de envolvimento no jogo. Um jogador que estava curvado ou descansando confortavelmente no seu lugar e que, ao olhar para suas cartas, de repente, fica muito atento e senta-se ereto na cadeira, não o surpreenderá ao se engajar na partida. Você deve procurar por *mudanças* no modo de sentar. Se alguém sempre se senta de forma ereta, inclinando-se levemente para a frente, isso não deve ser considerado como uma intenção de se envolver; é a sua postura normal, diferente da moça que foi do desleixo para uma posição vertical. Agora, se a pessoa que sempre se senta de forma ereta, inclinada levemente para a frente, de repente se inclina para trás e para longe da mesa, *isso* pode ser considerado uma

Fig. 26. Jogador olha para a carta e, imediatamente, olha para as fichas.

Fig. 27. Um olhar rápido, indicativo de intenção e uma boa mão.

intenção de não se envolver – ou de encerrar a participação – na partida que está sendo jogada.

Uma das reações corporais clássicas de engajamento – que tem sido discutida por décadas – também revela a intenção do indivíduo de participar da partida, em geral de forma bem agressiva. Implica um jogador olhando para suas cartas e depois, imediatamente depois (1), olhando para suas fichas e/ou (2) pegando suas fichas (veja figuras 26 e 27). Pode-se pensar que toda a notoriedade que cerca essa reação corporal poderia desencorajar a grande maioria dos jogadores a exibi-la, embora ela continue a ser vista nas mesas, lembrando-nos, mais uma vez, de que é difícil disfarçar ou eliminar um comportamento que foi incorporado em nós pelo cérebro límbico.

Superproteção das cartas é outra reação corporal de engajamento. Quando você vê um jogador olhar para suas cartas e, em seguida, "protegê-las" ou "aproximar-se" delas, principalmente quando esse comportamento cresce à medida que outras cartas são distribuídas, é praticamente certo que o jogador será um participante ativo na partida (veja figura 28). Por outro lado, se o jogador, de repente, distanciar-se das suas cartas ou abandoná-las completamente, é uma indicação forte de que não levará muito tempo até que ele desista do jogo (ou saia da

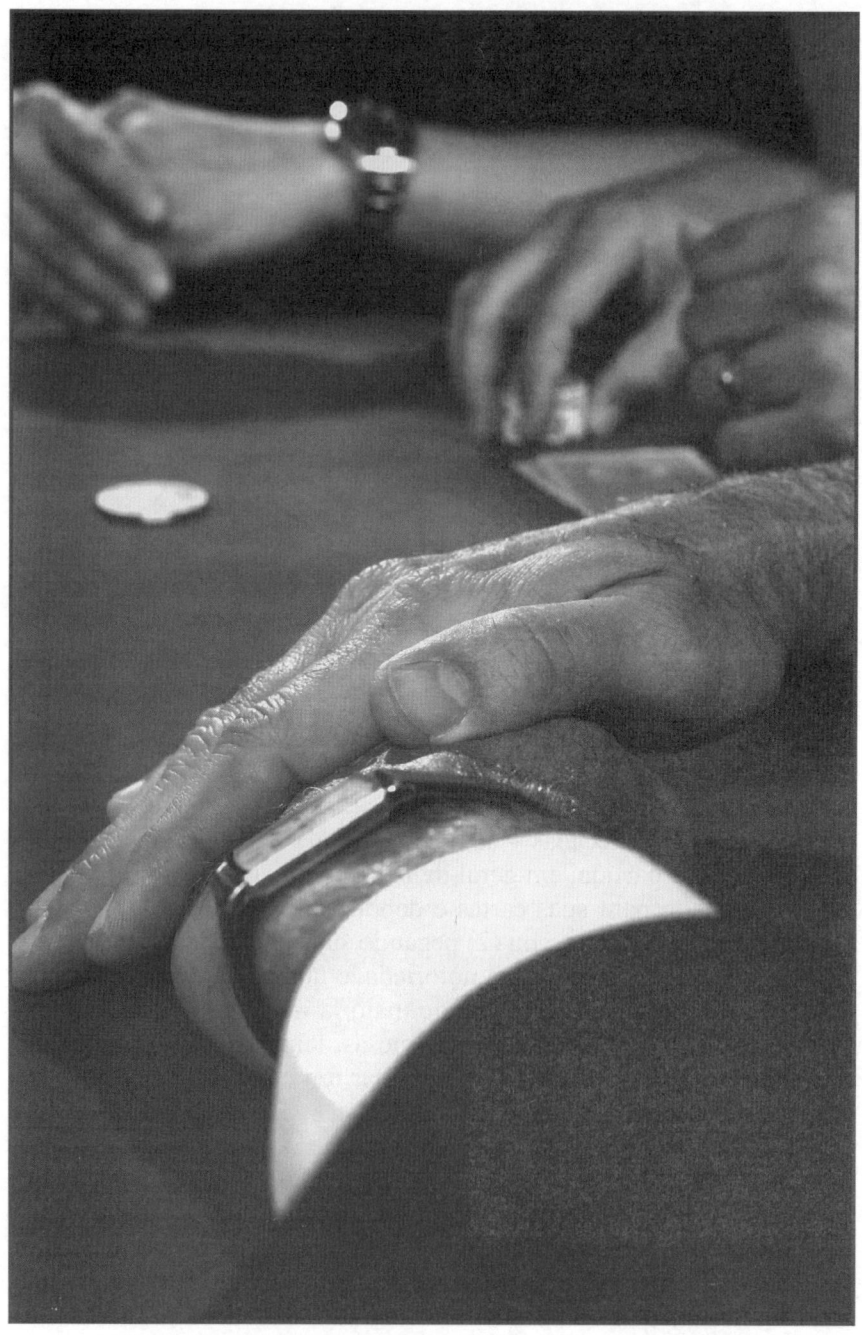

Fig. 28. Superproteção das cartas é algo visto em um amador com uma mão muito boa.

aposta) (veja figuras 29 e 30). O mesmo vale para o comportamento com as fichas. Apesar de muitos jogadores brincarem com suas fichas, você deve ficar alerta para qualquer oponente que, de repente, proteja ou se afaste de suas fichas mais do que costuma fazer quando *não* está envolvido na partida. Isso porque mudanças bruscas no comportamento com as fichas refletem a avaliação da pessoa sobre quão bem está jogando.

Uma das reações corporais de envolvimento mais interessantes – e, às vezes, difícil de ser interpretada – envolve o *franzir dos lábios*. Pare um pouco, se puder, e franza seus próprios lábios, como se fosse beijar alguém. As pessoas franzem seus lábios quando não concordam com algo ou com alguém (veja figura 31). Quando alguém fala e não concordamos, franzimos nossos lábios. Essa ação é vista com frequência durante as argumentações finais nos julgamentos dos tribunais. Enquanto um advogado fala, a parte contrária discorda, franzindo seus lábios. Juízes também fazem isso quando discordam das explanações dos advogados.

E o franzir do lábio na mesa de pôquer? Se você estiver observando um jogador e ele franzir os lábios logo depois de ter olhado suas cartas fechadas ou uma carta comunitária, existe uma boa possibilidade de ele estar insatisfeito com o que acabou de ver e pode acabar desistindo daquela partida. Isso é particularmente verdadeiro se o franzir dos lábios vier acompanhado de alguma outra reação corporal de intenção, como afastar as mãos da mesa ou mudar seu centro de equilíbrio (veja figura 32).

Aqui vai um exemplo do franzir dos lábios que eu testemunhei recentemente em um jogo de nove cartas, valendo dinheiro. Um jogador exibiu uma reação corporal que indica confiança alta quando viu suas cartas fechadas pela primeira vez e fez um aumento no primeiro *round* das apostas. Porém, quando veio o *flop,* esse jogador franziu os lábios. Outro jogador fez uma aposta alta e o indivíduo que franzia os lábios desistiu da mão. Não pude saber se seu adversário identificou a reação corporal do franzir dos lábios e tirou vantagem disso; contudo, procurar por reações corporais desse tipo sugere quão valioso isso pode ser quando você está tentando complicar alguém em uma partida.

Porém, existe algo a mais que deve ser considerado ao observarmos a reação do franzir dos lábios. Quanto mais o comportamento do franzir dos lábios persistir, significa que o jogador está considerando suas opções. Quando a decisão for tomada, esse comportamento deixará de se manifestar. Se você joga com frequência contra o mesmo oponente e é capaz de determinar que ele faz isso o tempo todo (franze

Fig. 29. Jogador se aproxima, pensa ter uma boa mão.

Fig. 30. A carta virada revela que ele tem uma mão ruim, quando ele subscientemente se afasta.

Fig. 31. Franzir dos lábios ocorre quando o jogo não acontece como você esperava.

Fig. 32. Quando o jogo piora, as mãos se afastarão enquanto os lábios ficam mais franzidos.

os lábios até tomar uma decisão), então você tem uma vantagem tremenda. Agora você sabe que, quando ele parar de franzir, ele tomou uma decisão; portanto, você pode começar a procurar outras reações corporais que sugiram seu plano de ação. Ele afastou as mãos da mesa? Ele se inclinou para a frente? Ele pegou suas fichas? Quanto mais dicas você conseguir, mais partes do quebra-cabeça conseguirá resolver. O que importa aqui é que você *sabe* quando começar a procurar pelas dicas, porque você sabe que, no momento em que o franzir dos lábios parar, o jogador terá tomado sua decisão sobre que pretende fazer.

Observar *reações corporais de engajamento* pode ajudá-lo a desenvolver um plano de combate melhor, do mesmo jeito que um controlador de tráfego aéreo pode observar o alcance do radar para desenvolver um plano de voo melhor. Use seu radar pessoal para obter conhecimentos prévios acerca do que seu oponente pretende fazer, e eu suspeito que você esteja pronto para as mesas finais em pouquíssimo tempo. E lembre-se: se você vir um oponente do outro lado da mesa com seu tronco inclinado para a frente, os braços na mesa, os pés em uma posição de prontidão e as narinas dilatadas, você deverá perceber o que ele pretende fazer. A não ser que você tenha uma supermão, desista!

Capítulo 6

Uma Introdução às Reações Corporais de Alta e Baixa Confiança

Os próximos capítulos descreverão alguns dos comportamentos não verbais que os jogadores exibem quando têm alta ou baixa confiança em suas mãos. Eu agrupo essas reações corporais em diferentes categorias para fazer com que sejam mais facilmente compreendidas e lembradas. Nenhuma dessas reações corporais é 100% precisa para todos os jogadores e elas nunca devem ser os únicos fatores que você considerará ao determinar como jogará sua mão; contudo, quando integradas com critério em suas estratégias de jogo, podem ser muito úteis para ajudá-lo a decidir se deve desistir, fazer um *call*, aumentar a aposta do(s) seu(s) oponente(s) ou reaumentar.

Perigo! Você não pode ler jogadores que não conseguem avaliar o que têm em mãos

As reações corporais que serão descritas neste capítulo são *comportamentos límbicos*; portanto, devem refletir, de forma honesta, as intenções e crenças reais do jogador. Os problemas surgem quando as verdadeiras crenças do jogador estão erradas. Em geral, tal ocorre com jogadores novatos que exibem reações corporais de confiança alta por, honestamente, acreditarem ter uma mão boa, quando, na verdade, têm uma mão pobre ou muito ruim. É por isso que jogar com amadores pode ser tão frustrante para jogadores profissionais. Pode haver quatro cartas na mesa para fazer um *straight** ou um *flush*** e o jogador inexperiente não se dá conta dessa informação crucial. Ele está convencido de que o par alto que tem nas cartas fechadas é uma ótima mão e exibe reações corporais indicativas de confiança alta, mesmo depois de se tornar um perdedor no *showdown*.***

Não há nada que se possa fazer a respeito desse tipo de jogador, a não ser saber, assim que possível, quem é ele e se lembrar de que é imprevisível e alheio a manobras sofisticadas, porque lhe falta sabedoria básica sobre as cartas e compreensão do jogo. Assim que perceber que esse tipo de pessoa está na sua mesa, nem tente lê-la. Não porque faltem a ela reações corporais, mas sim porque suas reações corporais indicadoras de alta confiança são contaminadas pela ignorância de que um par de cincos em um jogo com nove jogadores não significa vitória!

Algumas diretrizes gerais para a leitura correta de reações corporais

A leitura de reações corporais é uma habilidade que depende de técnicas eficazes de observação discutidas no capítulo 1. Você precisará conhecer essas técnicas e empregá-las fielmente sempre que jogar. Não as repetirei aqui, mas quero ressaltar alguns pontos que você irá querer manter em mente quando observar seus oponentes às mesas.

1. *Reações corporais indicativas de confiança alta são normalmente exibidas por jogadores que acreditam ter mãos fortes. Reações corporais indicativas de confiança baixa são normalmente exibidas por jogadores que acreditam ter mãos fracas.*
2. *Nem todas as reações corporais que ocorrem na mesa têm relação com o pôquer.* Lembro-me de jogar uma partida em que um oponente do outro lado da mesa exibiu uma reação corporal de confiança alta antes de chegar a sua vez de agir. Para minha surpresa, ele desistiu da sua mão sem nem fazer a aposta. Durante o intervalo, eu o ouvi conversando com sua esposa. Acontece que seu comportamento foi o resultado de ter ganhado uma grande aposta esportiva. Ele viu o placar em uma TV que estava perto da mesa. Em outra ocasião, vi um in-

---

*N.T.: Sequência de cinco cartas, independentemente do naipe.
**N.T.: Sequência de cinco cartas do mesmo naipe.
***N.T.: Ocorre depois da última rodada de apostas, quando os jogadores mostram suas cartas com o objetivo de saber quem ganhou.

divíduo exibir, claramente, uma reação corporal de confiança baixa e em seguida apostar tudo com ases no jogo fechado. Já que eu nunca havia deixado escapar esse tipo de reação corporal com cartas tão fortes, parabenizei-o, esperando que ele dissesse algo que explicasse seu comportamento. Sua resposta foi: "Foi uma ótima mão; mas agora gostaria de me livrar dessa enxaqueca...". Era a dor, não a vitória, responsável pela reação corporal que observei. A melhor forma de reduzir a probabilidade de interpretar mal as reações corporais, como as descritas, é observar quando ocorreram. Se aparecem logo depois de um evento significativo na mesa – por exemplo, um jogador vê suas cartas fechadas pela primeira vez ou um oponente faz uma aposta grande –, é provável que tenham relação com o jogo em curso. Se acontecerem quando nenhuma ação específica ou significativa estiver ocorrendo, a probabilidade da causa da reação corporal não se relacionar com o jogo é grande.

3. *Tente estabelecer comportamentos padrão dos jogadores da mesa.* Você precisa notar como seus oponentes normalmente se sentam, sua postura padrão, onde colocam suas mãos e seu comportamento normal de fala. Assim, você pode determinar quando eles se desviam de seu comportamento padrão. Por exemplo, se as mãos de alguém tremerem quando ele olha para suas cartas ou pega suas fichas, isso é uma reação corporal de confiança alta, uma indicação de que o jogador tem boas cartas. Porém, se o jogador tiver tremores naturais nas mãos, essa informação será inútil. Como você saberá se é esse o caso? Você precisa fazer uma leitura comparativa dos movimentos normais das mãos do jogador. Um jogador do Camp Hellmuth era um mascador de chiclete habitual. Sempre que tinha uma mão boa, ele mascava mais rapidamente. Era uma reação corporal poderosa, mas somente para o observador que tivesse notado o hábito, feito uma leitura comparativa da frequência normal da mastigação e, com esse parâmetro, se encontrasse em posição de perceber o ritmo acelerado de mastigação, quando ocorresse.

4. *Procure evidências conjuntas, sempre que possível.* Porque as pessoas geralmente reagem a situações específicas do pôquer com reações corporais múltiplas, você poderá sempre se sentir mais confiante em relação à sua leitura se conseguir identificar

reações corporais adicionais que sejam consistentes com a que você já detectou. Se um jogador olhar para suas cartas e exibir *pés felizes,* você poderá concluir que ele tem uma confiança alta em suas mãos; se, ao mesmo tempo, suas pupilas dilatarem, ele fizer uma aposta alta e depois se inclinar para trás, entrelaçando suas mãos atrás da cabeça (reações corporais indicativas de confiança alta), você poderá ficar 99,99% certo de que ele tem uma ótima mão e segurança de que irá vencer.

5. *Rastreie as reações corporais de um jogador ao longo de cada distribuição da mão. Quando a reação corporal de um oponente deixa de ser de confiança alta e passa a ser de confiança baixa enquanto as cartas estão sendo distribuídas (ou vice--versa), essa informação pode ser particularmente útil.* Em um World Poker Tour, uma jogadora olhou suas cartas fechadas, movimentou os braços e o corpo para a frente (reações corporais indicativas de confiança alta) e apostou agressivamente. Contudo, depois de ver o *flop*, ela movimentou os braços e o corpo para longe da mesa (reações corporais indicativas de confiança baixa). Outra jogadora, provavelmente ciente do comportamento da primeira, fez uma aposta alta e

Fig. 33. Mãos com dedos juntos em forma de torre indicam confiança.

Fig. 34. A torre pode ser modificada, como aqui, com os dedos entrelaçados e só os indicadores para cima.

Fig. 35. Mãos entrelaçadas, principalmente com branqueamento da pele, indicam uma mão ruim.

ela acabou desistindo. Quando as reações corporais de alguém espelham a mudança da força de suas mãos, isso é dinheiro no bolso para o observador atento.

6. *Observe reações corporais que envolvam microgestos, comportamentos que ocorrem em momentos imediatamente posteriores a um evento significativo na mesa.* Se forem acompanhados de comportamentos não verbais secundários que vão de encontro à reação inicial, então confie no microgesto, já que ele tende a ser mais honesto. Um exemplo pode ser uma pessoa que, depois de ver suas cartas, une, por um momento, as mãos em forma de torre (reação corporal de confiança alta, que envolve o toque das pontas dos dedos das duas mãos, em uma posição de arco) e, em seguida, começa a entrelaçar as mãos (reação corporal de confiança baixa). Eu confiaria na reação corporal de confiança alta como a mais honesta e precisa (veja figuras 33 a 35).

7. *Em geral, reações corporais de envolvimento (veja capítulo 5) tendem a se relacionar a mãos bem fortes, enquanto comportamentos tranquilizadores (veja capítulo 12) tendem a se associar com mãos de pouca força, blefe e/ou insatisfação com ações específicas da mesa (apostas, perdas da mão, fichas perigosas ou pouco dinheiro).*

8. *Observe seus adversários e lembre-se de como jogam. O comportamento passado deles pode ser de grande ajuda para prever o comportamento futuro.* Como sempre, as reações corporais observadas podem ser mais úteis para você quando (a) você estiver familiarizado com o jogo do seu oponente e souber que uma reação corporal específica já foi, no passado, indicadora precisa de alta ou baixa confiança; (b) depois de estudar o comportamento de um oponente com quem está jogando pela primeira vez, você determina que suas exibições de confiança são, na verdade, indicadores precisos da força de sua mão.

Capítulo 7

Demonstrações de Alta e Baixa Confiança

Parte I: Reações Corporais que Desafiam a Gravidade

Comportamentos que desafiam a gravidade na mesa de pôquer são, principalmente, reações corporais que indicam confiança alta. São o equivalente fisiológico do *ponto de exclamação emocional,* um sinal de excitação criado quando o jogador está olhando para uma mão forte. Eu os chamo de reações corporais que desafiam a gravidade porque, quando pensamos nelas, percebemos que, em geral, elas o empurram para cima, contra a força da gravidade.

Tendemos a subestimar os comportamentos que desafiam a gravidade, sejam aqueles que ocorrem quando estamos de pé ou sentados, quando estamos confiantes, animados e energizados pelas circunstâncias que nos rodeiam. É raro comportamentos que desafiam a gravidade serem vistos em pessoas que estão com problemas, aflitas, clinicamente depressivas ou com uma mão péssima à mesa de pôquer. Comportamentos que desafiam a gravidade também são governados pelo sistema límbico.

Os comportamentos que desafiam a gravidade podem ser falseados? Penso que sim, em especial quando feitos por bons atores e mentirosos contumazes, mas, no fim das contas, a maioria das pessoas não sabe como controlar seus comportamentos límbicos. Em geral, o que vemos são mais comportamentos passivos que ativos sendo controlados, e isso é consistente com a abundância de pesquisas que agora existem sobre comportamentos que desafiam a gravidade.

Aqui estão alguns dos comportamentos que desafiam a gravidade que podem lhe trazer um lucro real na mesa de pôquer.

Pés que se elevam são cartas que prestam

Quando estamos animados e felizes, andamos como se estivéssemos flutuando no ar. Vemos isso nos jovens amantes, felizes por estarem um com o outro, em crianças ansiosas para entrar em um parque temático, e em jogadores de pôquer segurando cartas fortes.

Comportamentos que desafiam a gravidade, em especial aqueles que envolvem nossos pés, são parte das nossas expressões emotivas. Quando estamos animados com a nossa mão – ao nos sentirmos confiantes com as cartas que seguramos – tendemos a desafiar a gravidade fazendo coisas como *elevar nossos calcanhares* e/ou *balançar nossos pés ou pernas*. Como foi dito, esse é o cérebro límbico, mais uma vez, manifestando-se com os *pés felizes*.

Discutimos a importância das reações corporais que são exibidas pelos pés no capítulo 4, portanto não vou me demorar neles aqui, exceto para lembrá-lo de que a reação dos pés felizes é uma das reações corporais mais honestas e precisas para determinar a força das cartas do seu adversário.

Quando vir um queixo para cima se mover, é alguém pensando que pode vencer

Jogadores que mantêm seus queixos mais altos do que o costumeiro estão exibindo uma reação corporal de confiança alta. Porque o queixo é mantido elevado, esse é um gesto que desafia a gravidade e um sinal de boas notícias na mesa de pôquer (veja figura 36). Por outro lado, quando as cartas não parecem tão boas, espere que o jogador mantenha seu queixo abaixado.

Você já ouviu o antigo ditado "Mantenha a cabeça erguida"? É uma observação dirigida a alguém que está em depressão ou que passou por infortúnios (uma mão ruim no pôquer, talvez?). Esse fragmento de sabedoria popular espelha de forma precisa as reações corporais que estamos discutindo aqui, já que uma pessoa com o queixo abaixado não está em boa forma, enquanto uma pessoa com o queixo elevado é considerada em boa forma e com um estado de espírito positivo.

Fig. 36. Um queixo para cima à mesa é sugestivo de uma mão ótima.

Fig. 37. Jogador arqueia a sobrancelha quando gosta de algo, como uma boa mão.

Nariz que se eleva para o ar quando a boa carta chegar

Novamente, temos um gesto que desafia a gravidade (nariz para cima), indicando uma reação corporal de confiança alta, enquanto o nariz para baixo indicaria uma exibição de confiança baixa. Quando o nariz de um jogador se eleva, é porque ele está confiante no que possui. Muitos anos atrás foi realizado um experimento interessante, que se relaciona com esse comportamento. Um grupo de estudantes que fumava cigarros foi observado enquanto recebia o resultado dos exames da escola e descobria se tinha passado ou reprovado. Aqueles estudantes que foram bem exalaram a fumaça do cigarro *para cima*, enquanto aqueles que foram mal exalaram *para baixo*. Embora hoje em dia o fumo seja relativamente raro nas mesas de pôquer, se você cruzar com um fumante que olha para suas cartas e exala a fumaça para cima, talvez queira pensar duas vezes antes de ir para cima dele.

Um arco com a sobrancelha: com Groucho Marx se assemelha

Não sei quantos de vocês se lembram dos Irmãos Marx. Eles eram um grupo de comediantes, e Groucho sempre conseguia arrancar risadas quando arqueava suas sobrancelhas toda vez que via uma mulher bonita. Bem, não é para arrancar risadas que os jogadores de pôquer revelam a força de suas mãos pelo arqueamento das sobrancelhas quando veem uma bela mão (veja figura 37). Mas alguns deles o fazem, e essa é outra reação corporal de confiança alta e que desafia a gravidade. Porém, você pode rir por último se identificar esse comportamento e utilizá-lo nas mesas em seu benefício. Se você se lembra, foi exatamente isso o que Phil fez no primeiro acampamento de pôquer, quando percebeu que um oponente tinha arqueado as sobrancelhas e, imediatamente depois, desistiu, economizando um monte de dinheiro.

Sentar-se em posição ereta = boas cartas na reta

Os jogadores de pôquer, ao verem cartas que lhes dão mãos poderosas, tendem a elevar sua postura e suas apostas: sentam-se mais eretos, quase parecendo aumentar de tamanho. Outra vez, eles estão exibindo um gesto que desafia a gravidade e que é uma reação corporal que demonstra confiança alta (veja figura 38). Quando você vir alguém exibir, de forma repentina, uma postura ereta (em particular depois de o jogador ter visto suas cartas), pode considerar diminuir o tamanho das suas apostas.

Fig. 38. De repente, sentar ereto à mesa é uma exibição de grande confiança.

Fig. 39. Alguns jogadores saltarão com excitação flagrante quando virem uma boa carta que pode ajudá-los a transformar sua mão em um jogo vencedor. Por que, então, esse jogador está em pé? Você percebeu que ele estava afastando a mão do que você pode observar na foto? Se observou, você já está desenvolvendo as habilidades de observação necessárias para "ler e tirar proveito". (Muitos leitores irão apenas dar uma olhada na foto sem perceber a discrepância entre o que estão vendo e como o jogador está se comportando. Esperamos que você tenha visto!) O que a foto não mostra é a carta virada, um rei, que o carteador acabou de virar fora da margem da foto, mas que foi vista com facilidade pelo jogador animado. Ele está em pé, alerta pela descoberta de que agora tem três reis contra o *full house* de seu adversário, dando-lhe melhor chance (sete novas saídas) de ganhar a mão na jogada final.

Ficar de pé pode significar uma mão boa

Alguns jogadores ficam tão empolgados quando pegam uma mão boa que eles, literalmente, não conseguem conter a reação límbica e, simplesmente, levantam-se, exibindo, assim, o comportamento mais pronunciado de desafio da gravidade no mundo do pôquer. É quase como se houvesse uma panela de pressão no fogo alto, que explodiria se nada fosse feito. Já vi muitos jogadores amadores se levantarem porque não conseguiram lidar com suas emoções ficando sentados. Já observei alguns jogadores, literalmente, pularem da cadeira e se afastarem da mesa porque sua empolgação era demais (veja figura 39). Esse comportamento pode ser mais bem identificado como uma reação corporal indicadora de confiança alta quando é exibido com outros comportamentos consistentes com os de uma pessoa que está segurando uma mão forte.

Fig. 40. Jogar as fichas em um arco indica alta confiança.

Levantar-se da mesa não é sempre resultado de um comportamento de confiança alta. Durante partidas longas, alguns jogadores se levantarão periodicamente durante a rodada para esticar suas pernas. Os jogadores também se levantarão quando tiverem um *all in* e se depararem com a possibilidade de terem de sair do jogo se perderem. Também percebi que os jogadores se levantam quando o pote está sendo disputado na última carta e/ou quando um oponente se levanta antes. Assim, esse tipo de comportamento é uma das reações corporais mais fracas quando se trata de determinar se um oponente está bem confiante e se sua mão é forte.

Lançar as fichas para cima pode reduzir sua perda

O último comportamento que desafia a gravidade que eu gostaria de considerar como uma reação corporal de confiança alta envolve o modo como os jogadores colocam suas apostas no pote. Há muitos jeitos de fazer isso: as fichas podem ser empurradas para o pote, colocadas nele ou ainda lançadas até ele, no mesmo nível da mesa. Mas eu descobri apenas um jeito de colocar as fichas que tem o potencial de revelar a força da mão do jogador.

Percebi que, quando os jogadores têm boas mãos, eles lançam suas fichas para o meio da mesa, formando um arco, um tipo de "lançamento arco-íris" que ocorre quando há um pote que pensam poder ganhar no fim do arco-íris (veja figura 40). Seja cauteloso quando vir um jogador lançar suas fichas em arco elevado para o pote; em geral, é um sinal de que o apostador tem uma mão forte e você pode não querer desafiá-lo.

Decolar com dois ases distribuídos em sequência e um companheiro de bordo: um ás pode provocar uma reação corporal que desafia a gravidade

Uma reação corporal que desafia a gravidade me ajudou a prever que Kevin McBride tinha um ás entre as cartas fechadas quando jogou com Scotty Nguyen por um pote grande no World Series of Poker de 1998. Depois de os dois jogadores terem apostado sua cartas fechadas, o *flop* veio com 4-6-K. Então, na quarta distribuição um ás foi distribuído e Kevin deu um "pulo" na cadeira, pequeno, quase imperceptível. Assim, supus que o ás da mesa tinha ajudado sua mão, o que significa que, provavelmente, fez par com uma ou duas cartas fechadas. A carta *river* foi uma dama. Claro, quando as cartas foram viradas para cima, Kevin mostrou um ás e uma dama no jogo fechado.

Capítulo 8

Exibições de Alta e Baixa Confiança

Parte II: Reações Corporais Territoriais

A maioria das reações corporais territoriais é revelada por dois tipos de comportamento de distanciamento: perto-longe e expansão-contração.

A dimensão perto-longe

Em geral, qualquer desvio do comportamento padrão de um jogador que o traga mais perto para o ponto central da mesa é uma demonstração de alta confiança. Qualquer desvio do seu comportamento padrão que aumente a distância entre o jogador e o centro da mesa é uma exibição de baixa confiança.

Se você pensar nas interações sociais que teve em sua vida, perceberá que nos aproximamos das pessoas de quem gostamos e nos afastamos daquelas de quem não gostamos. O mesmo vale para a mesa de pôquer: você verá alguém olhar para suas cartas fechadas e, de repente, ele se aproximará da mesa. Por quê? Porque ele tem uma ótima mão. Seu cérebro límbico está dizendo: "Você está feliz", e uma forma de refletir a felicidade é se aproximar do objeto/pessoa que a está provocando. Vi esse comportamento milhares de vezes nas mesas, ainda que muitos jogadores não deem importância para essa reação corporal de distanciamento, supondo que seja somente seu adversário "se ajustando em seu lugar". Não seja *você* um desses jogadores!

Às vezes, você verá uma jogadora começar um jogo novo com as mãos apoiadas na beirada da mesa. Então, depois de ver suas cartas fechadas, ela moverá as mãos, de leve, em direção ao feltro verde. Vem o *flop* e ela move levemente as mãos para a frente, mais uma vez. No *fifth street*, suas mãos estarão no feltro verde, até os cotovelos! Cada carta nova melhorou sua mão e a seduziu para mais perto do centro do que a atrai. Se você ainda estiver apostando com essa mulher no *river*, é melhor que tenha uma mão *muito* forte!

Aqui está outra coisa que você perceberá nas mãos dos jogadores. Quando gostamos das coisas, colocamos nossas mãos mais perto delas; quando não gostamos, movimentamos nossas mãos para longe. Em um torneio recente, um jogador estava mexendo nas suas fichas, separando-as e juntando-as entre os dedos. De repente, ele viu o *flop* e tirou as mãos das fichas. Seu cérebro límbico estava dizendo: "Isso é ruim", e ele se comportou de forma previsível, retirando-se da área onde o evento ruim aconteceu. Em outro torneio, um jogador estava com as mãos sobre suas cartas, protegendo-as como uma gata enrolada em seus filhotes. Um *flop* de três de ouros chegou ao feltro e o jogador tirou suas

Fig. 41. Entrelaçar os dedos atrás da cabeça é uma exibição de alta confiança.

mãos das cartas e deixou-as na borda da mesa. Quando o *dealer* virou para cima outra carta de ouros, o jogador removeu completamente as mãos da mesa, colocando-as no colo. Enquanto sua mão deixava de ser boa, tornando-se ruim, suas mãos deixaram de ficar perto, distanciando-se. Mais uma vez, vemos a tendência dos indivíduos de se aproximarem do que é positivo e se distanciarem do que é negativo em suas vidas, sejam pessoas que conhecem ou cartas em suas mãos.

Há uma exceção importante nessa dimensão perto-longe das reações corporais territoriais. Acontece quando um jogador se afasta ou se inclina para longe da mesa (normalmente uma demonstração de *confiança baixa* ou desligamento), mas, com esse movimento, um toque de confiança alta: geralmente cruzando as pernas e/ou entrelaçando os dedos atrás da cabeça (veja figura 41). Nunca vi uma pessoa com uma mão pobre se inclinar para trás e colocar as mãos atrás da cabeça! Esse comportamento é reservado para jogadores com mãos "de chefe" ou chefes que se sentam de forma dominante em uma reunião com seus subordinados.

Em alguns casos, essas reações corporais são tão estranhas que se poderia pensar que são intencionalmente forçadas. No Camp Hellmuth, eu estava observando um jogador a seis mesas de distância. Quando o *flop* foi distribuído, ele olhou suas cartas, deu um gole na cerveja, inclinou-se para trás em sua cadeira e colocou as mãos atrás da cabeça. Ninguém na mesa prestou atenção no seu comportamento. Eles estavam fazendo o *call* e aumentando as apostas como se nada de estranho estivesse acontecendo. Ele tomou outro gole da cerveja e manteve sua posição. No fim, ele virou as cartas matadoras, quatro valetes. Fiquei me perguntando: "Por que seus oponentes continuaram jogando?". Como eles não puderam perceber essa demonstração de alta confiança que eu pude, prontamente, compreender a seis mesas de distância? Foi aí que me ocorreu: nenhum deles entendeu o *significado* desse comportamento. Eles *viram* o comportamento, mas não o *decifraram* corretamente.

Foi por isso que escrevi este livro!

A dimensão expansão-contração

Em geral, qualquer desvio do comportamento padrão de um jogador que amplie as fronteiras do seu território é uma demonstração de confiança alta; qualquer desvio do seu comportamento padrão que estreite as fronteiras do seu território é uma demonstração de confiança baixa.

Quando penso em expansão territorial, sempre me lembro da imagem de um pai orgulhoso, estufando seu peito. Na mesa de pôquer, jogadores com confiança alta irão se expandir tanto física quanto geograficamente. Jogadores com boas cartas "se alargam". Suas pernas se

Fig. 42. Um olhar piedoso, de afastamento, indica baixa confiança.

alongam por baixo da mesa, seus braços se esticam por cima da mesa, seus cotovelos se afastam mais do tronco (cotovelo afastado), seus ombros se alargam e eles, literalmente, se apossam de uma porção maior da mesa, como um motorista monopolizando a estrada. Algumas vezes, os jogadores ganharão território inclinando a cabeça para um lado ou para o outro. Essa é uma exibição de muito conforto, de confiança alta. Eu duvido muito que você possa ter uma mão ruim e manter o comportamento de inclinar a cabeça. (Se você observar um oponente com a cabeça inclinando depois de ver suas cartas fechadas e, de repente, depois de ver o *flop*, seu pescoço se endireitar, sua cabeça ficar ereta, você pode suspeitar de que essas três cartas comunitárias não foram portadoras de boas notícias!)

Porque o domínio territorial está embutido em nosso sistema límbico, é raro o vermos, exceto quando alguém tem uma confiança suprema em sua mão. Esse *não* é o tipo de pessoa para quem você pode blefar pelo pote.

Há também a contração territorial que, de muitas formas, é exatamente o oposto do comportamento de expansão que foi descrito. Jogadores que demonstram reações corporais de contração e de baixa confiança na mesa encolhem as fronteiras territoriais e físicas (veja figura 42). Um jogador campeão mundial de pôquer descreveu esses indivíduos como literalmente "murchando na mesa". Quando os jogadores têm baixa confiança em suas cartas, eles encolherão seus cotovelos e braços e parecerão quase piedosos. Um grande jogador do circuito do World Poker Tour tem um uma reação corporal de forte contração territorial. Assim que sua mão se torna fraca, ele quase fica em posição fetal. Não posso lhe dizer quem é, porque seria antiético, mas sempre me surpreendo com o fato de ele exibir esse comportamento uma e outra vez, sem ser descoberto por seus oponentes.

Capítulo 9

Demonstrações de Alta e Baixa Confiança

Parte III: Reações Corporais das Mãos

Nossas mãos são uma parte íntima do pôquer. Não apenas estabelecem o contato mais próximo com nossos oponentes, mas também pegam e manipulam os dois itens mais importantes da mesa: as cartas e as fichas. Para o observador meticuloso, elas também revelam reações corporais que podem ser usadas para ganhar vantagem sobre os outros jogadores. Algumas dessas reações corporais já foram discutidas anteriormente; as novas estão incluídas neste capítulo.

Mãos em forma de torre: uma reação corporal poderosa, de confiança alta

As mãos em forma de torre podem ser a reação corporal mais poderosa de confiança alta que alguém pode observar em uma mesa de pôquer. Ela envolve o toque das pontas dos dedos das duas mãos, unidas em uma posição de arco, uma posição similar à da reza, mas os dedos *não* se entrelaçam (veja a figura 43). Nos Estados Unidos, as mulheres tendem a fazer isso com as mãos próximas à mesa, o que às vezes torna a posição difícil de ser vista (os homens tendem a fazer o arco mais alto do que as mulheres). Não obstante, é um comportamento não verbal que vale a pena ser observado. Já vi, literalmente, centenas de jogadores – amadores e profissionais – transmitirem a força de suas cartas pelo arqueamento das mãos, mesmo aqueles que têm consciência da reação corporal, mas sentem dificuldade de ocultá-la. Tal acontece porque o cérebro límbico a tornou uma reação tão automática que é difícil de superar, em especial quando a empolgação de ver uma carta boa faz com que o jogador esqueça, momentaneamente, de monitorar e controlar suas reações comportamentais.

Para os jogadores que não estão cientes de que as mãos em forma de torre são uma reação corporal, a reação pode persistir por períodos significativos de tempo durante a partida, ainda mais se a mão permanecer forte à medida que novas cartas forem reveladas.

Fig. 43. Procure pela torre "relâmpago" que ocorre logo depois de um *flop*. É um bom indicador de uma mão muito boa.

Para os jogadores que *estão* cientes dessa reação corporal, mas ainda a exibem, aqui vai o que você pode esperar ver. *Logo* depois de observar uma carta (ou cartas) que torna sua mão mais forte, o jogador deixará suas mãos em forma de torre como um *microgesto*. É uma reação puramente límbica; automática, livre de qualquer restrição de "pensamento". (Em um sentido metafórico, pense nesse gesto como o raio de luz do relâmpago logo antes do trovão.) Então, quando o neocórtex se dá conta do gesto (o trovão) e o jogador percebe que revelou essa reação corporal, rapidamente, ele muda as mãos para uma posição mais neutra, talvez esfregando uma mão na outra, para evitar que a reação seja detectada por seus oponentes.

Demonstrações de Alta e Baixa Confiança 123

Fig. 44. Uma torre seguida de entrelaçamento de mãos
pode ser indicativa de baixa confiança.

Em uma partida recente do World Series of Poker, um jogador tinha ases nas cartas fechadas e um terceiro ás apareceu no *flop*. Quando o jogador olhou para o *flop*, no mesmo momento colocou as mãos em forma de torre e, então, logo depois, deixou-as em concha e continuou jogando. Esse foi um caso clássico de artifício: foi pego com a mão dentro do pote de biscoitos e então tentou fingir inocência, pegando um copo que estava logo atrás. No caso do jogador do WSOP, você pode ter certeza de que a reação da mão em torre foi uma reação honesta às suas cartas porque (a) foi rápida, (b) aconteceu em reação direta à "boa notícia" apresentada pelo *flop* e (c) foi seguida por uma tentativa de ocultação (a transição rápida das mãos em torre para as mãos em concha).

Talvez você se lembre de que, durante a discussão sobre a observação no capítulo 1, enfatizei que qualquer microgesto tende a ser mais confiável por ser mais honesto: o cérebro límbico reconhece o fato e provoca uma reação "verdadeira" antes que o neocórtex (o cérebro pensante) assuma o controle e censure (elimine ou modifique) a reação.

Uma nota final sobre o comportamento das mãos em forma de torre: algumas pessoas têm o hábito de fazer esse gesto; é como elas costumam deixar suas mãos e pode não ser uma reação a estímulos altamente favoráveis. Você precisará estudar seus adversários para saber se é o caso. Novamente, é uma questão de estabelecer um critério padrão para comportamentos específicos, para que você saiba se e quando são reações corporais significativas. Não é tão difícil quanto parece. É relativamente fácil distinguir jogadores que colocam as mãos em torre apenas depois de eventos significativos ocorrerem na mesa daqueles que exibem esse comportamento ao acaso, várias vezes durante o jogo e entre as partidas.

Mãos unidas e dedos entrelaçados: reações corporais de baixa confiança

As mãos em torre podem lhe oferecer uma reação indicadora de alta confiança quando você tenta avaliar a força da mão do seu oponente. Porém, e acerca de outro extremo da sequência contínua: há comportamentos das mãos que podem ser interpretados como reação corporal indicadora de baixa confiança? Sim, há. Quando os jogadores *unem as mãos ou entrelaçam os dedos*, em particular como resposta a algum acontecimento significativo da mesa, estão exibindo comportamentos de baixa confiança que sugerem que eles têm cartas fracas (veja a figura 44).

Mãos que tremem: geralmente, suas fichas estão em risco

Nosso sistema límbico não é chamado de cérebro emocional à toa. Quando ele vê ou sente algo desejável ou empolgante (como ases no grupo de cartas fechadas), o nível de excitação sobe, algo que você enxerga na pessoa que está afetada por isso – citando a antiga música – "a whole lot of shakin' going on!" [Tem uma tremedeira acontecendo] Esse comportamento não verbal é, com frequência, mal interpretado por quem o observa. Tal acontece porque a maioria das pessoas acredita que coisas ruins estão acontecendo com as pessoas se suas mãos estiverem tremendo e/ou se estiverem fazendo movimentos erráticos. Mas, ao menos no pôquer, o contrário é verdadeiro. Quando você vir alguém pegar suas fichas e a tremedeira de suas mãos fizer com que elas caiam, ou se ele olhar para suas cartas e suas mãos começarem a tremer, em geral é um sinal forte de que algo bom está acontecendo, como um Big Slick* (AK) ou um par valioso nas cartas fechadas.

É o seu sistema límbico dizendo "Eu estou feliz", e por isso suas mãos vibram. Se essa vibração não aparecer em suas mãos, aparecerá em algum outro lugar, como nos seus pés agitados. Assim, movimentos erráticos e tremedeira das mãos são reações corporais de alta confiança que sugerem seu oponente estar segurando cartas fortes. Isso é mais verdadeiro ainda em jogadores amadores, que não aprenderam a suavizar sua exuberância quando têm uma mão forte, e, em quase todos os jogadores, quando quantidades muito grandes de dinheiro estão em jogo.

Mas espere... antes de atribuir *todos* os comportamentos erráticos, trêmulos, a mãos boas, preciso apresentar um contraponto: nossas mãos podem tremer quando estamos excitados, mas também é possível que tremam ao estarmos sob estresse (como quando temos uma mão fraca e estamos tentando blefar). Então, como se pode perceber a diferença? Mais uma vez, o único jeito de resolver a questão é colocar a reação corporal no contexto do jogo, considerando as circunstâncias nas quais ele ocorreu.

Vamos dissecar uma mão típica e ver o que podemos descobrir. Suponha que estejamos observando um oponente enquanto ele olha suas cartas fechadas; suas mãos estão imóveis, mas, ao ver o *flop*, elas começam a tremer. Eu suporia que ele tem uma ótima mão. Agora, vamos examinar a mesma situação, mas, dessa vez, as mãos do jogador não tremem quando ele vê o *flop*, e sim quando faz uma aposta grande, depois

---

*N.T.: Combinação de ás e rei.

do *flop*. Dessa vez, posso supor que a tremedeira aconteceu por causa do estresse envolvido no blefe. Se a aposta for acompanhada também por outras reações corporais tranquilizadores, como tocar o pescoço ou apertar os lábios, eu ficaria ainda mais confiante de que a tremedeira está relacionada ao estresse (em vez de sinalizar alta confiança). Óbvio, se as mãos do jogador estivessem tremendo depois de ele ver suas cartas *e* quando ele fosse fazer a aposta, eu suporia que sua mão era boa e sua confiança, alta.

Em geral, mãos que começam a ficar trêmulas ou ficam mais trêmulas justamente depois que o jogador vê uma carta nova (ou cartas) são um sinal de que a carta é forte e a confiança é alta. Mãos que começam a ficar trêmulas logo depois de outros eventos significativos à mesa – em geral envolvendo apostas feitas pelo jogador trêmulo ou por seus oponentes – têm maior probabilidade de ser resultado de estresse. Mesmo aqui, porém, podem acontecer exceções à regra. Por exemplo, digamos que uma jogadora recebeu um ás nas cartas fechadas na posição inicial e decide fazer uma pequena aposta. Suas mãos não começam a tremer quando ela olha para suas cartas, e sim ao colocar a aposta mínima no pote. Aqui, com pouco dinheiro no pingo, é um caso em que posso suspeitar que a tremedeira é causada por uma mão boa e não por uma aposta estressante e/ou grande. É claro que eu tentaria identificar outras reações corporais que me ajudassem a verificar a precisão da minha suposição. Enquanto isso, nessas circunstâncias, em absoluto, eu não aumentaria a aposta dela até conseguir uma leitura melhor do comportamento.

Como é o caso em todas as tentativas para determinar reações corporais, você precisa ter uma leitura comparativa da posição normal das mãos dos seus oponentes, para conseguir perceber quando ocorrerem mudanças significativas em seu movimento. Existem muito poucos jogadores que tremem o tempo todo durante todo o jogo de pôquer, mas há diferenças individuais na excitação física que precisam ser levadas em conta quando avaliamos o significado real de movimentos erráticos e/ou de mãos trêmulas. Qualquer comportamento de tremedeira que começar ou terminar de forma repentina, ou que for muito diferente do comportamento padrão, merece uma análise mais profunda. Considerar o contexto em que a tremedeira ocorre, se ela acontecer, e qualquer outra reação corporal que possa apoiar uma interpretação específica do motivo da tremedeira, contribuirá para sua habilidade de ler corretamente alguém.

Uma ficha contra o relógio

As mãos podem não ser tão velozes quanto os olhos, mas podem se mover bem rápido quando se trata de pegar as fichas para fazer apostas. A questão é: quão rápido um jogador pega suas fichas depois de ter visto suas cartas e estar pronto para apostar? Acontece que, quanto mais rápido os indivíduos pegarem suas fichas depois de terem visto sua(s) carta(s), será mais provável eles terem uma mão forte. Amadores

Fig. 45. Polegares para cima como os da foto indicam um jogador com alta confiança.

Fig. 46. Se os polegares desaparecem nos bolsos ou cinto, isso é indicador de uma mão fraca.

são mais suscetíveis a demonstrar essa reação corporal, enquanto jogadores veteranos normalmente não agem dessa forma tão óbvia. Essa reação corporal, se aparecer, será vista de forma mais efetiva quando um jogador precisar apostar logo depois de ter visto suas cartas; em outras palavras, quando ela for a primeira a agir (*under the gun**). Caso contrário, quando a hora de apostar chegar para os outros jogadores, a necessidade imediata de pegar as fichas não será mais tão forte.

---

*N.T.: O primeiro a agir, fica à esquerda do *big blind,* que é o segundo jogador à esquerda do *dealer.*

Uma reação corporal mais sutil, e que pode ser usada até por jogadores que não estão *under the gun*, envolve *qualquer* movimento das mãos do jogador em direção às fichas, logo depois de ter visto, pela primeira vez, uma ou mais cartas novas. Saber o comportamento padrão será importante aqui, mas, se o jogador normalmente não mexer nas fichas, a não ser quando aposta, você pode começar a ter certeza de que esse comportamento representa uma reação corporal que indica confiança alta.

Dois polegares para cima: a mão de pôquer conseguiu uma boa crítica

Quando alguém levanta o polegar, em geral significa que algo de bom aconteceu e o gesto também vale para a mesa de pôquer. Você já reparou como os advogados e médicos seguram em suas lapelas com os polegares virados para cima? Essa é uma exibição de confiança alta. Na mesa de pôquer, essa demonstração de confiança alta é diferente, mas não menos significativa. Um sinal de confiança alta envolve o entrelaçamento dos dedos (normalmente, uma reação corporal de *confiança baixa*), com os dois polegares apontados para cima (veja figura 45). Você pode ver essa reação corporal a duas ou três mesas de distância. Está dizendo: "Tenho uma mão boa!". As pessoas não costumam se acomodar com seus polegares apontados para cima, então, quando o fazem, se pode ter relativa certeza de ser um comportamento significativo a considerar para decidir seu próximo movimento no pôquer.

Girar os polegares é outro movimento das mãos que indica confiança alta. E as reações corporais exibidas pelos polegares que indicam confiança baixa? Jogadores que enfiam seus polegares nos bolsos ou fazem com que seus polegares desapareçam, encaixando-os no passante do cinto, podem estar demonstrando reações corporais de confiança baixa (veja figura 46). De novo, saber do comportamento padrão do dedão é importante para conseguir determinar. As pessoas têm por hábito deixar seus dedos em posições neutras, nem para cima nem para baixo. Assim, polegares elevados e/ou escondidos (deflação do polegar) merecem sua consideração cuidadosa.

Capítulo 10

Demonstrações de Alta e Baixa Confiança

Parte IV: Reações Corporais da Boca

No capítulo 4, observei que nossos pés são a parte mais honesta do corpo, já que refletem nossos sentimentos verdadeiros de forma muito precisa. Nosso rosto, pelo contrário, é a menos honesta, apesar de ser a porção mais expressiva da nossa anatomia. Isso significa que precisamos ser muito cautelosos quando fazemos inferências baseadas nos sinais faciais, já que a existência de comportamentos enganosos é uma possibilidade muito real. Pense que as pessoas, com frequência, se esforçam para esconder suas emoções e expressões, tornando mais difícil lê-las se não estivermos sintonizados em uma observação cuidadosa. Por exemplo, nós certamente não queremos demonstrar exaltação quando temos uma mão vencedora no pôquer. Então, nessas circunstâncias, tentaremos esconder nossa felicidade e excitação. Além disso, nossos sinais faciais são tão fugazes – apenas microgestos rápidos – que são difíceis de identificar. Por fim, os sinais faciais, em geral, passam despercebidos, ou porque nos ensinaram a não encarar os outros, ou porque nos concentramos demais no *que* está sendo dito, em vez de nos concentrarmos em *como* está sendo dito. Tendo destacado essas notas de advertência, há ainda algumas reações corporais relativamente confiáveis e dignas de nota que podem ser percebidas a partir da observação de certas *partes* do rosto, sendo a boca a primeira área de interesse.

Um sorriso falso e uma reação corporal verdadeira

Há mais de um século, cientistas descobriram que nós humanos temos um sorriso falso e um verdadeiro. O sorriso falso é usado socialmente, quando não sentimos realmente uma proximidade emocional com aqueles que nos rodeiam; o sorriso verdadeiro é reservado para aqueles de quem realmente gostamos. Na verdade, bebês de algumas semanas já reservam o sorriso verdadeiro para suas mães e utilizarão o sorriso falso para todos os outros.

Ao longo do tempo, pesquisadores descobriram que um sorriso verdadeiro é exibido graças a dois músculos importantes, o *zigomático maior* e o *orbicular* (perto dos olhos); ambos trabalham juntos para puxar os cantos da boca para cima, em direção aos olhos, causando os "pés de galinha". Isso é o que provoca um sorriso caloroso, honesto e familiar (veja figura 47).

Quando damos um sorriso falso, os cantos da boca se esticam para os lados, a partir do uso de um conjunto de músculos chamados de risórios. Esses músculos, com efeito, puxam os cantos da boca para os lados, mas não conseguem levantá-los, como ocorre com o sorriso verdadeiro (veja figura 48).

Fig. 47. Note que um sorriso verdadeiro envolve o canto do olho – uma exibição honesta.

Fig. 48. O sorriso falso empurra os lábios em direção às orelhas – confiança baixa e desonestidade estão em ação.

É difícil forçar sorrisos verdadeiros quando sentimos emoções negativas. Se você está infeliz, de acordo com os pesquisadores, é improvável que seja capaz de sorrir completamente (o sorriso verdadeiro), utilizando os músculos *zigomático maior* e o *orbicular*. Isso nos leva aos sorrisos falsos, aos sorrisos verdadeiros e à mesa de pôquer.

Aqui está uma reação corporal clássica que vejo se repetir com frequência sempre que um jogador é contestado. Um jogador da mesa está blefando e um oponente o desafia com um comentário, como: "O que você tem aí? Aposto que não é melhor do que um sete e um rei". Quem está blefando, em seguida, tenta criar a impressão de que seu oponente está errado, ele tem uma mão forte e não está blefando. Ele faz isso com um sorriso brilhante, que deveria indicar força, mas é incompleto, um sorriso falso, não o sorriso honesto e completo. Lembre-se de que é difícil dar um sorriso completo quando não se está feliz, então você pode supor que quem está blefando e temendo que sua mentira possa ser descoberta está muito infeliz nesse momento em particular! Quando um jogador exibe o falso sorriso, em geral é muito breve; mas, para um observador treinado, é fácil de detectar e reconhecer pelo que é – uma afirmação de que um blefe está a caminho. Quando alguém realmente tem uma mão boa, reagirá à provocação verbal do seu oponente com um sorriso completo e expressivo.

A reação corporal do sorriso falso que foi descrito também é um lembrete de por que não recomendo a comunicação com os outros à mesa, tanto mais durante uma partida. Se um jogador lhe faz uma pergunta sobre a força das suas cartas, apenas ignore-o. Não dê de ombros, não sorria, não responda verbalmente – apenas se mantenha na postura "ocultar e não revelar" à mesa e deixe o jogo continuar. Você pode não ser considerado muito sociável, mas é provável que seu jogo seja bem mais rentável.

Lábios apertados significam que alguém está estressado; lábios relaxados são um sinal de uma mão boa

A compressão dos lábios – também conhecida como lábios apertados ou que estão desaparecendo – ocorre quando a pessoa está brava, sofrendo, frustrada ou consternada. O que acontece é que apertamos os lábios um contra o outro; um comando dado pelo sistema límbico, que nos diz para nos calarmos e não permitirmos que nada entre em nosso corpo. A compressão dos lábios é muito indicativa de sentimentos verdadeiramente negativos, que se manifestam de forma bastante vívida. Raramente, se tanto, possui uma conotação positiva.

Fig. 49. Compressão do lábio é um grande indicador de estresse e baixa confiança.

Fig. 50. Lábios contraídos é indicativo de instalação de estresse.

A compressão dos lábios é um sinal claro de que as pessoas estão com problemas. Algo está errado. Na mesa de pôquer, a compressão dos lábios serve como um indicador de que a pessoa desaprova algo que está ocorrendo durante a partida (veja figura 49). Se, depois de olhar para suas cartas fechadas, o jogador apertar seus lábios de leve, você pode ter certeza de que algo não está bom, porque esse é o único momento em que usamos a compressão dos lábios. É provável que seja razoável supor que o jogador tem uma mão fraca.

Ou considere esse exemplo. Um jogador faz uma aposta e um oponente vai para cima dele com um aumento. Ao ver o aumento, o jogador pressiona os lábios. De novo, podemos supor que o aumento *não* foi o que ele gostaria que tivesse acontecido. Ele está desapontado com o fato. A questão que surge é *por que* ele ficou desapontado? Foi porque ele estava blefando e agora está em apuros? Ou, talvez, esperasse roubar os *blinds** e não imaginava que seria desafiado. Talvez esteja infeliz porque fazer um *call* lhe custará mais do que gostaria de investir

---

*N.T.: São as apostas realizadas pelos dois primeiros jogadores à esquerda do *dealer*, feitas antes que as cartas sejam distribuídas.

Fig. 51. Fique de olho nos lábios como indicadores de estresse. Lábios normais.

Fig. 52. Roer as unhas é uma exibição de baixa confiança.

naquela mão. O que sabemos, com certeza, é que o aumento da aposta atrapalhou o jogador; então, precisamos olhar para outras reações corporais e/ou para as cartas distribuídas para tentarmos descobrir por que ele está tão estressado.

Na maioria das vezes, quando vemos oponentes com lábios comprimidos, é um bom presságio para nós, principalmente se a reação corporal acontecer logo depois de terem visto alguma carta nova (veja figura 50).

Precisamos nos preocupar quando olhamos para um oponente e vemos seus lábios *cheios* – em vez de comprimidos. Isso acontece porque, quando as coisas vão bem, os lábios "se sobressaem". O sistema límbico está dizendo: "Encha seus lábios de sangue". Você deve ficar mais atento ainda se vir um jogador que estava com os lábios comprimidos ficar com os lábios cheios (veja figura 51). Acabou de acontecer algo que fez com que o jogador se sentisse muito melhor – tenha certeza de que não serão suas fichas que irão para a pilha dele no final da partida.

Fig. 53. Morder os lábios é um bom indicador de estresse e preocupação.

Demonstrações de Alta e Baixa Confiança   135

Fig. 54. Tocar o nariz acontece quando tentamos nos acalmar diante do estresse.

Fig. 55. Tocar a boca é um bom jeito de acalmar o estresse causado por uma mão ruim.

Analisando algumas reações corporais dos lábios, língua e dentes

Que tipo de mão você acha que uma pessoa tem se, enquanto espera para ver o que os outros jogadores farão, ela rói suas unhas? Aqui vai uma dica: roer as unhas é uma indicação de estresse (veja figura 52). E a resposta é... quando vejo alguém roer as unhas à mesa, mesmo que seja só por um momento, essa pessoa tem uma mão fraca e medíocre. Nunca vi uma pessoa com uma mão forte apresentando esse tipo de comportamento.

Essa reação corporal de roer as unhas não será tão útil, é claro, com pessoas que têm o hábito de mastigar os dedos; porém, até mesmo esses indivíduos devem ser considerados candidatos a uma análise mais profunda se a intensidade e/ou a frequência da roedura das unhas desviar, de repente, do seu comportamento padrão.

Quando os jogadores exibem outros sinais associados ao estresse com a boca, como morder os lábios, tocar a boca ou o nariz, lamber os lábios ou morder objetos, isso reforçará a crença do observador cuidadoso de que o jogador tem confiança baixa na sua mão, que, no mínimo,

Fig. 56. Lamber os lábios acontece para nos tranquilizar quando estamos preocupados.

Fig. 57. Morder objetos, seja o dedo ou um lápis, é usado para acalmar nossas preocupações ou medos.

é medíocre/pobre (veja figuras 53 a 57). Quando os jogadores tocam e/ou lambem seus lábios ao ponderarem sobre suas opções, ainda mais se levam uma quantidade de tempo incomum para decidir sobre uma aposta quando é sua vez de agir, em geral estão tentando decidir se vale o risco de continuar jogando sua mão fraca. Muitas vezes, eles estão vulneráveis aos jogos ofensivos dos oponentes e, como regra, desistirão quando se depararem com um aumento agressivo da aposta.

O modo como você fala "diz" se você está forte ou fraco

Alguns de vocês podem estar se perguntando por que incluo o discurso verbal em um livro sobre reações corporais não verbais. É porque o comportamento não verbal engloba o *modo* como você fala – por exemplo, o ritmo, o timbre, a fluidez e a amplitude do discurso. O que você fala não é o que importa.

Estudos científicos concluíram que sua comunicação será *fluida* se você tiver uma confiança alta. Confiança baixa, por outro lado, é marcada pelo discurso entrecortado ou pelo comportamento verbal que é mais agudo ou lento (fleumático) do que o normal. Anteriormente neste livro, mencionei como Phil Hellmuth determinou que um oponente estava blefando ao fazer uma pergunta a ele e, depois, ouvir sua voz enquanto respondia. Você pode usar essa abordagem do questionamento para detectar reações corporais em um oponente. Nem todos os adversários responderão e, entre os que responderem, nem todos exibirão uma reação corporal. Mas isso lhe oferecerá outro jeito para tentar descobrir as intenções dos seus oponentes e a qualidade das cartas que eles têm. Apenas lembre-se de não ser aquele que *oferece* esse tipo de informação, respondendo as perguntas de outros jogadores, com a possibilidade de revelar, assim, informações cruciais sobre sua própria mão e estratégia de jogo. De acordo com esse procedimento, lembre-se de manter suas fichas ordenadamente empilhadas de acordo com as cores e facilmente visíveis; assim, se alguém lhe pedir para contá-las, você poderá dar uma resposta sucinta, sem uso das mãos (um simples olhar para sua pilha bastará). Evite contagem verbal desnecessária. Em ambos os casos, você poderia oferecer aos seus oponentes reações corporais que não deseja que eles tenham.

O sinal universal de que alguém escapou com alguma coisa!

Aqui, no meu exemplo final de uma reação corporal exibida pela boca, eu gostaria que você participasse de uma pequena demonstração. Primeiro, gostaria que você lambesse seus lábios. Isso é chamado de comportamento *tranquilizador* (será discutido no capítulo 12) e, como regra, é empregado quando a pessoa está estressada. Também fazemos isso quando estamos nos concentrando em alguma coisa; por exemplo, um jantar saboroso em um restaurante fino! Agora, quero que você coloque sua língua entre os dentes, *sem* tocar seus lábios. É um movimento muito rápido – a língua vai para fora, entre os dentes, e volta em uma fração de segundos, quase como uma cobra agitando sua língua. Espero que você possa sentir a diferença entre esses dois comportamentos (veja figura 58).

Chamo esse segundo comportamento de *projeção da língua*. Em minhas viagens ao redor do mundo, vi-o sendo usado em diferentes países, mas sempre com o mesmo significado: "Fugi com alguma coisa!"

Uma vez que você tiver aprendido a identificar esse comportamento, ele pode ser muito útil em qualquer situação em que estiverem envolvidas a barganha ou a competição. Deixe-me dar-lhe um exemplo pessoal para provar meu ponto de vista.

Fig. 58. Projeção da língua é um bom indicador de que alguém acabou de fugir com alguma coisa.

Há vários anos, eu estava procurando um carro para comprar em Tampa, onde moro. Fui à concessionária e disse ao vendedor: "Aqui está o que eu pretendo pagar pelo carro". Nós ficamos regateando o preço por um tempo e, no fim, o vendedor disse um daqueles usuais: "Bem, deixe-me checar com meu gerente". Ele saiu à procura do gerente e fiquei do lado de fora do escritório para andar um pouco e esticar as pernas. Alguns minutos depois, vislumbrei por acaso, através de uma divisória de vidro, o vendedor e o gerente conversando. Não podia ouvir o que eles falavam, mas pude vê-los claramente... e o que vi foi o vendedor exibir uma rápida, mas certeira, projeção da língua quando terminou de falar com o gerente, antes de voltar a falar comigo.

Voltei para o escritório do vendedor e esperei por ele. Não demorou muito. Ele surgiu à porta e disse: "Meu gerente concorda que a proposta feita a você por mim é o melhor que podemos fazer".

Eu perguntei: "Então você está dizendo que é o melhor negócio que pode oferecer?"

"Sim", ele respondeu.

"E isso é *definitivo*", eu disse, em um tom de voz do tipo vamos-ser-claros-a-respeito.

"Sim", ele assentiu. "Esse é o melhor preço."

"Então, está bem, obrigado", anunciei. Levantei-me da cadeira, saí do escritório e andei em direção à porta. Quando estava saindo, ouvi meu nome e as palavras: "Espere! Espere!".

O vendedor me persuadiu a voltar ao seu escritório e me informou que ele poderia fazer outro desconto de $1.700 no chamado "melhor preço" – que, aliás, era somente $86 a mais do que o preço que eu queria pagar pelo carro. A moral da história? Vale a pena saber o menor preço que é possível pagar em um carro – e quando vir o seu vendedor projetar a língua, você saberá que ele está tentando escapar com alguma coisa.

Observar projeções da língua à mesa pode ser muito importante porque, quando vir uma, você conseguirá uma informação importante. Por exemplo, imagine que um jogador *sob a mira* (o primeiro a agir) entra com a aposta mínima, tendo uma mão muito forte; espera seduzir os outros a apostar ou aumentar, enchendo o pote, enquanto mantém a força da sua mão disfarçada e/ou proporciona a oportunidade de aumentar a aposta de todos os oponentes. Imediatamente depois de fazer a aposta, a pessoa ao seu lado (ou uma ou duas posições depois) faz um *call* ou aumenta a aposta e projeta a língua. Se você for um dos últimos jogadores e perceber esse comportamento, você saberá que ele acredita que conseguiu escapar com algo. Provavelmente, está na hora de você escapar também... *do jogo*!

Aqui vai outra circunstância em que pode ser valioso para você identificar a projeção da língua. Digamos que um jogador aumente sua aposta e você seja obrigado a desistir. Enquanto ele empurra as fichas, você percebe que ele está projetando a língua. De que vale isso? Ele já tem seu dinheiro. Isso é verdade, mas você acabou de saber que ele escapou com alguma coisa, então pode supor que ele blefou e levou o pote com isso. Isso é uma informação que pode fazer com que você economize ou ganhe dinheiro em uma partida posterior, principalmente se você, agora, começar a observar com cuidado seu comportamento à mesa, procurando sinais de blefe na próxima vez em que o encarar em uma partida.

Projeções da língua podem ser reações corporais úteis quando você está jogando em *satellites*,* em que, com frequência, são feitos acordos entre os jogadores, antes do término do torneio. Um exemplo típico pode envolver uma situação em que você é um dos três jogadores em uma mesa *satellite*. Alguém sugere um acordo. Você concorda hesitante com a oferta, dizendo: "Acho que pode funcionar", e, depois, percebe que os outros dois jogadores exibiram uma reação corporal, projetando suas línguas. Se isso acontecer, você pode, rapidamente, acrescentar: "Pensando bem, não me sinto confortável com a divisão do pote", e fazer suas próprias sugestões.

Por fim, lembre-se de que reações corporais de projeção da língua podem ser valiosas sempre que identificá-las à mesa, mesmo que você não esteja envolvido na partida. Isso porque a projeção da língua revela muito sobre os jogadores, suas diferentes estratégias e os riscos que correm ao tentar ganhar as mãos. Armado com essa informação, você poderá ser o próximo a projetar sua língua.

Apenas não o faça onde puder ser visto!

A reação corporal falante do professor

Joe está 100% correto quando fala sobre como o discurso das pessoas pode revelar reações corporais poderosas ao ouvinte sofisticado. É por isso que gosto de fazer as pessoas falarem quando estamos disputando uma partida. Por exemplo, quando alguém faz uma aposta grande contra mim, eu pergunto: "Quantas fichas você tem sobrando?". Isso os

---

*N.T.: Torneios classificatórios, de limite mais baixo, que dão entrada a um torneio mais caro.

força a olhar para suas fichas, ou a me dizer, ou são forçados a contar as fichas ou a fazer outros movimentos com as mãos ou com o corpo. Fazer com que os oponentes se mexam e falem me dá uma chance maior para identificar reações corporais que revelem a força ou a fraqueza relativa de suas mãos. Um exemplo clássico dessa estratégia de "faça-os falar" foi usada em um *buy in** de 5 mil dólares no campeonato Hall of Fame No Limit Hold'em, em 2002.

Com os *blinds* em 50 a 100 dólares, a mão seguinte se iniciou. Eu fiz a aposta mínima sob a mira (como o primeiro jogador a agir, fiz um *call* de 100 dólares) com K-8 de copas, e Howard ("O Professor") Lederer fez um *call* logo depois, e então alguns outros jogadores também fizeram *call*. O *flop* veio com um K-8 de ouros e um 3 de copas, e eu fiquei pensando: "Viva, tenho um *top two pair*!"**. Apostei 400 dólares e Howard fez um *call*, então outro jogador apostou tudo por 775 dólares no total. Quando os outros dois jogadores desistiram, eu decidi, rapidamente, duas coisas: primeira, eu não tinha certeza de que poderia, legalmente, aumentar, já que minha aposta era de 400 dólares e o aumento era de apenas 375 dóaralres, mas acreditei que poderia; segunda, eu não queria perguntar se podia aumentar e deixar Howard saber a verdadeira força da minha mão. Então, imediatamente, quando chegou minha vez de agir, aumentei a aposta em 375 dólares, tentando parecer fraco e desinteressado no pote. Eu queria que parecesse que eu tinha uma carta que fazia par com uma comunitária com um *kicker**** fraco ou um *second pair*,**** como um rei e um 6 do mesmo naipe ou um ás e um 8 ou algo do tipo. Na verdade, eu teria aumentado em 375 dólares com qualquer par ou qualquer mão razoável e eu sabia que Howard sabia que esse era o caso. Queria que Howard aumentasse, para que eu apostasse tudo e ganhasse o pote. Meu *call* rápido, indiferente, serviu perfeitamente como uma armadilha para Howard.

Howard então perguntou se podia aumentar – eu continuei parecendo desinteressado nos eventos da mesa – e outro jogador disse: "Sim, você pode aumentar, desde que o aumento seja pelo menos maior do que a metade da aposta original". Fiquei pensando: "Por favor, aumente,

---

*N.T.: O valor mínimo exigido para que um jogador participe de uma mesa privada.

**N.T.: Quando o jogador tem no grupo de cartas fechadas cartas com valor igual à maior e à segunda maior carta da mesa.

***N.T.: É uma carta sem par, usada para determinar a melhor de duas mãos que são quase equivalentes.

****N.T.: Um par com as segundas cartas mais altas.

por favor, aumente". Howard anunciou: "Eu aumento", e começou a mexer nas suas fichas. Aí comecei a babar: Howard ia aumentar e eu poderia fazer um *move in** e acabar com ele! Depois de mais ou menos 30 segundos, o que é bastante no mundo do pôquer, Howard anunciou: "Vou fazer apostar tudo com mais 7.300 dólares". Eu com rapidez contei minhas fichas com a intenção de imediatamente fazer um *call* na sua aposta, quando, de repente, pensei: "Não há por que ter pressa, preciso estudar Howard por um momento".

Eu sabia que não desistiria com o *top two pair* que eu tinha, de jeito nenhum, mas e se Howard tivesse 3-3 nas cartas fechadas ou 8-8? Então eu teria apenas algumas saídas; precisaria de um rei se Howard tivesse, digamos, 8-8 nas cartas fechadas (eu seria um grande perdedor). Quanto mais eu focava no Howard, mais começava a temer que ele tivesse exatamente uma trinca. Intuitivamente, ao estudá-lo, senti uma força muito grande! Pela lógica, Howard geralmente não joga com K-x,** especialmente depois de eu ter apostado pouco, na primeira posição. Portanto, não achei que ele tivesse dois pares, como K-3. Em seguida, lembrei que Howard tinha pensado em aumentar o pote antes do *flop*, o que me fez pensar que ele tinha 3-3 ou 8-8 ou até A-A.

Então, comecei a falar, para passar a mensagem de que eu tinha mesmo o *top two pair* (eu não podia virar minhas mãos, como fazia nos bons e velhos tempos, ou dizer a ele o que eu tinha, ou eu seria penalizado). Como Howard reagiria com a notícia de eu estar forte? Quando (legalmente) anunciei que estava superforte, Howard me disse: "O que você tem, A-3 de ouros?". Não gostei nem um pouco dessa pergunta e respondi: "Era isso o que pensei que você tivesse". Seu olhar me surpreendeu. Agora eu tinha certeza de que Howard não tinha A-3 de ouros (a mão que era mais fácil de ser atribuída a ele) e essa afirmação dele me convenceu de que eu precisava desistir do *top two pair*. Veja, pela minha leitura, eu sabia que Howard estava superforte, então, ao deixá-lo saber que eu tinha uma mão superforte (com a minha fala), eu podia determinar que ele queria mesmo receber um *call* (ele não mostrava nenhum medo). Se Howard não tivesse me dito nada, eu, provavelmente, teria de fazer um *call* com meus *top two pair*. Eu até já tinha mencionado para Howard que estava lendo muito bem todos da mesa, exceto ele. Então, agora era chegado o momento de desistir, mas levou um tempo até eu me convencer de que esse absurdo poderia estar correto.

---

*N.T.: Sinônimo de *all in*.

**N.T.: O "x" representa outra carta, do mesmo naipe.

Não posso ter certeza, mas é possível que eu nunca antes na minha vida tenha desistido de um *top two pair*, com um *flop* com naipes diferentes e sem sequência.

Howard podia ter A-A, A-K, K-Q ou A-3 de ouros (apesar de eu ter desconsiderado isso quando ele começou a falar), mas eu estava tendo uma leitura de que ele tinha uma mão extremamente forte. Por fim – precisei de mais do que cinco minutos (desculpe, mesa!) –, abri minhas cartas, dizendo: "Eu desisto".

Chris Bjorin, outro jogador da mesa, disse em voz alta: "Essa foi a pior desistência que já vi em toda a minha vida". Foi aí que Howard virou 3-3, e Chris precisou esfregar os olhos! Na verdade, mais tarde Chris disse que foi uma das melhores desistências que ele já tinha visto. E tudo aconteceu porque um professor ensinou demais. Portanto, quando Joe sugere que uma boa estratégia para não exibir reações corporais é se manter o mais calado possível na mesa, ele está lhe dando um bom conselho.

Capítulo 11

Demonstrações de Alta e Baixa Confiança

Parte V: Reações Corporais dos Olhos

As pessoas falam que nossos olhos são janelas para nossas mentes, portanto, talvez devamos checar esses portais para ter um vislumbre de algumas reações corporais que valham a pena. Algumas pessoas não confiam em informações derivadas do estudo da área dos olhos, porque, como um compositor de forma astuta percebeu, "your lyin' eyes" [seus olhos mentirosos] são capazes de enganar. Ainda assim, quando se trata de revelar emoções positivas e negativas, os olhos podem ser um barômetro muito preciso de nossos sentimentos porque temos pouquíssimo controle sobre eles. Então, vamos examinar alguns comportamentos específicos dos olhos que podem nos ajudar a identificar reações corporais confiáveis e verdadeiras às mesas.

Bloqueio visual: notícias que não conseguimos ver

Nossos olhos, mais extraordinários que qualquer câmera, evoluíram, tornando-se o meio primário através do qual recebemos informações do mundo que nos cerca. Eles também servem como o primeiro lugar onde impedimos que informações externas cheguem a nós. Esse comportamento de censura é chamado de *bloqueio visual* e é um mecanismo de sobrevivência que evoluiu para proteger o cérebro de "ver" imagens indesejáveis.

Fig. 59. Bloqueio dos olhos pelo fechamento das pálpebras evita denunciar notícias ruins.

Fig. 60. Outra forma de bloqueio dos olhos: bloqueio com os dedos.

O bloqueio visual acontece com tanta frequência e de tantas formas que a maioria das pessoas não o percebe ou ignora seu importante significado. Fazemos o bloqueio visual ao fechar nossos olhos ou colocar os dedos polegar e indicador na frente deles. Alguns indivíduos colocarão as mãos em forma de concha na frente dos olhos ou até objetos na frente do rosto para bloquear informações indesejadas.

Pense em uma ocasião em que alguém veio lhe dar uma notícia ruim. Talvez você não tenha percebido, mas, provavelmente, enquanto ouvia a informação, suas pálpebras se fecharam por alguns momentos. Esse tipo de comportamento de bloqueio tem uma origem e uma incorporação em nossos cérebros muito antigas; até os bebês, de forma inata, fazem esse bloqueio dentro do útero quando ouvem sons altos. Ao longo de nossas vidas, exercitamos essa reação de bloqueio visual, que, na verdade, não bloqueia nossos pensamentos nem as coisas que ouvimos. E, ainda assim, fazemos isso, por nenhuma outra razão do que, talvez, oferecer uma pausa para o cérebro ou comunicar nossos sentimentos mais profundos. Qualquer que seja a razão, o cérebro ainda nos compele a apresentar esse comportamento, seja para nos proteger ou para comunicar nossos sentimentos (veja figuras 59 a 62).

Fig. 61. Outra forma de comportamento de bloqueio dos olhos: bloqueio com as mãos.

Fig. 62. Outra forma de comportamento de bloqueio dos olhos: sombra com os dedos.

Eu, pessoalmente, usei esse comportamento como uma reação corporal no meu trabalho no FBI. Em um caso de assassinato, fizemos uma série de perguntas a um suspeito. Todas as perguntas começavam da mesma forma: "Se você tivesse cometido esse crime, você teria usado um...". Em cada pergunta, um novo final era acrescentado, mencionando diferentes armas que podem ser usadas para matar alguém. Então, por exemplo, a primeira pergunta era: "Se você tivesse cometido esse crime, você teria usado um facão?". Em seguida, fazíamos uma segunda pergunta: "Se você tivesse cometido esse crime, você teria usado um pedaço de pau?". Outras questões se seguiriam, usando outras armas: um bastão, uma faca, um picador de gelo e um martelo. Depois de cada pergunta, o suspeito podia dar sua resposta. Detalhes da arma usada no assassinato nunca tinham sido revelados ao público, então, para uma pessoa inocente, todas as armas tinham o mesmo valor ou "potencial de ameaça", mas não para o culpado. Para a pessoa que havia cometido o crime, somente uma arma poderia ser vista como ameaça – a que realmente foi usada para cometer o crime. Quando o suspeito ouviu a pergunta que incluía o termo "picador de gelo", suas pálpebras se fecharam, bruscamente, e permaneceram assim por alguns momentos, até a próxima questão e arma serem apresentadas. Com esse comportamento, soubemos que esse indivíduo era o criminoso porque, na verdade, o picador de gelo *foi* a arma do crime. O seu bloqueio visual o dedurou; sua confissão posterior selou o seu destino.

Em outra ocasião em que a reação corporal de bloqueio visual ajudou a resolver um caso foi em Porto Rico, onde um hotel pegou fogo como resultado de uma disputa trabalhista. Um segurança ficou, de imediato, sob investigação. Uma das formas usadas para saber que ele não tinha nada a ver com o incêndio foi lhe fazermos algumas perguntas bastante específicas, como onde ele estava antes do incêndio, na hora do incêndio e durante o incêndio, e se ele tinha colocado fogo no hotel. Seus olhos foram bloqueados apenas diante de uma pergunta, algo que ele percebeu como ameaça. Então, questionamo-lo mais sobre esse tópico e ele, em certo momento, admitiu ter deixado seu posto para visitar sua namorada, que também trabalhava no hotel. Infelizmente, enquanto estava fora, os incendiários entraram na área que ele deveria estar guardando e começaram o incêndio.

Você não precisa ser um agente do FBI ou usar um distintivo para usar as reações corporais de bloqueio visual nas mesas de pôquer. Apenas precisa ficar alerta para esse comportamento quando ele ocorrer, já que, em geral, é uma reação rápida que, sem uma observação cuidadosa, pode passar despercebida.

Por os comportamentos de bloqueio visual estarem, no mais das vezes, associados com a visão de coisas de que não gostamos, pode-se assumir que são reações corporais indicadoras de *confiança baixa* na mesa. Como com a maioria das reações corporais, a reação de bloqueio visual é mais confiável e valiosa quando acontecer em um contexto adequado: logo depois de um evento significativo, relacionado ao pôquer, ter acontecido. Portanto, o bloqueio visual feito por um oponente logo depois de ter visto suas cartas fechadas ou as comunitárias, ou, talvez, depois de um aumento na aposta feito por outro jogador, é uma reação corporal valiosa que você irá querer considerar ao jogar sua mão.

Olhar para a pilha pode significar ataque às fichas

Em um capítulo anterior, descrevi uma reação corporal relativamente bem reconhecida: quando um jogador olha para a sua mão e então, rápido, busca por suas fichas, é, como regra, uma demonstração de confiança alta que indica que o jogador está satisfeito com suas cartas e é plausível que faça uma aposta. Há um equivalente visual para essa reação corporal. Quando uma jogadora vê sua mão e depois seus olhos movimentam-se rapidamente para suas fichas, é normal, também, ser uma demonstração de confiança alta, indicando que ela está feliz com suas cartas e pretende apostar. O fator essencial aqui é o *intervalo* entre o momento em que ela vê suas cartas e checa sua pilha de fichas. Quanto menor o tempo entre o momento em que a pessoa olha suas cartas e checa suas fichas, mais forte é a indicação de que uma reação corporal verdadeira está sendo exibida. Da mesma forma, se a pessoa nunca (ou raramente) olha para suas fichas, a não ser que pretenda apostar, observar quando ela olha pode oferecer informações importantes. Para tornar essa avaliação significativa, você precisará estabelecer uma leitura do comportamento padrão dos seus oponentes, para que saiba quais deles normalmente olham para suas fichas e quais não olham.

Dilatação sugere alegria; contração sugere aflição

Aqui vai uma verdade poderosa, mas simples: quando gostamos de algo, nossas pupilas dilatam; quando não gostamos, elas contraem. Não temos controle consciente sobre nossas pupilas, que reagem a estímulos externos (por exemplo, mudanças na luz) e internos (por exemplo, pensamentos) em uma fração de segundos, uma reação que pode ser facilmente perdida. Tais comportamentos oculares são muito úteis, mas a maioria das pessoas não olha para eles, ignora-os ou, quando os vê, subestima sua utilidade. Não ajuda o fato de as pupilas serem muito pequenas e de ser mais difícil lê-las em olhos escuros que em olhos claros.

E as mudanças das pupilas na mesa de pôquer? Se você as puder ver, elas lhe oferecerão informações precisas e valiosas sobre seus oponentes que valem a pena ser obtidas. Basicamente, enquanto as pessoas leem suas cartas, você vai querer ler seus olhos. Se elas gostarem do que estão vendo, suas pupilas dilatarão (a íris do olho ficará menor). Se estiverem insatisfeitas com as cartas que têm, as pupilas irão contrair (veja figuras 63 e 64). É mais fácil ver as mudanças da pupila em pessoas com olhos azuis ou verdes. É claro, jogadores que usam óculos escuros tornam impossível a observação da pupila, o que é uma das razões para o uso dos óculos escuros estar se tornando cada vez mais popular nas mesas.

Se sua visão estiver suficientemente afiada e você puder ver a dilatação e contração das pupilas dos oponentes próximos, não se esqueça de estabelecer um comportamento padrão para as pupilas de cada um deles. Você deve procurar desvios do tamanho normal da pupila, como reação a eventos específicos do pôquer. Não se esqueça de que a dilatação e contração podem ser causadas por fatores que não possuem

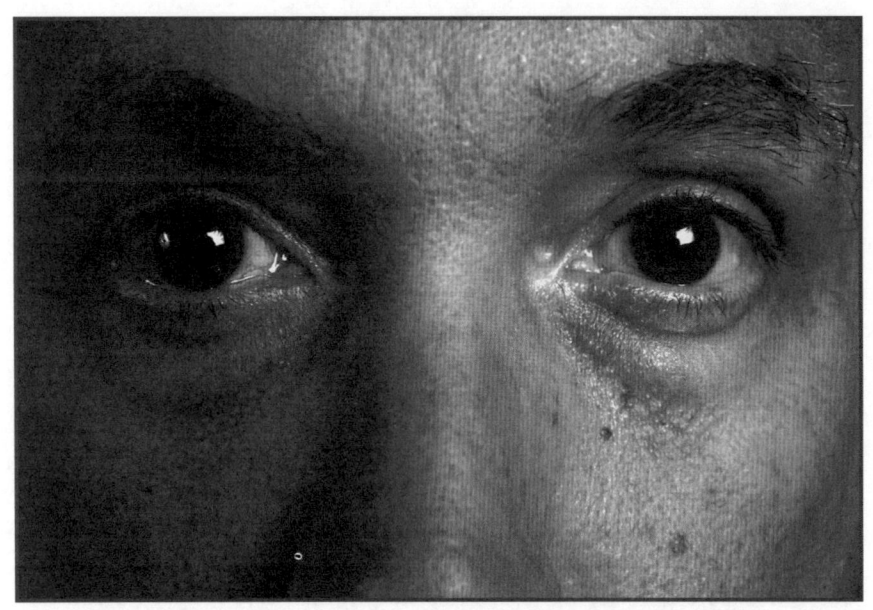

Fig. 63. Contração das pupilas indica estresse ou desagrado.

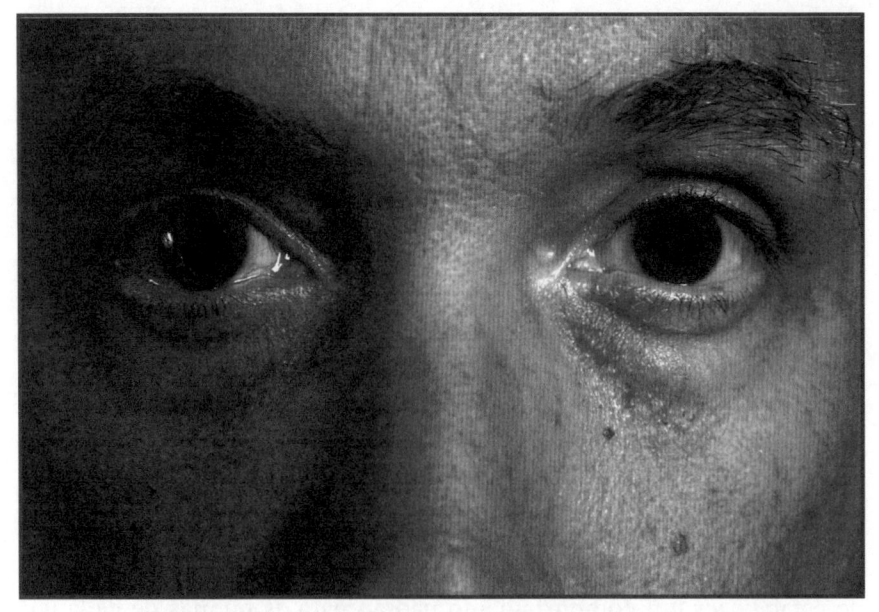

Fig. 64. Dilatação do olho indica contentamento e emoções positivas.

Fig. 65. Observe a aparência normal de um jogador quando se sentar à mesa.

Fig. 66. Franzir dos olhos revela grande desconforto, em geral por uma situação ruim.

relação com o pôquer – variação da luminosidade, condições médicas, remédios –, e essas mudanças podem confundi-lo se você não estiver ciente do que as provoca.

Para além das reações corporais da pupila: franzindo os olhos e olhos de *flash*

Quando as pupilas não contraem o suficiente, é comum as pessoas franzirem os olhos (subconscientemente) quando veem algo ou alguém do qual não gostam. Enquanto andava, recentemente, com a minha filha, passamos por alguém que ela reconheceu. Ela franziu os olhos de leve, enquanto fazia um pequeno aceno com as mãos para a garota. Perguntei a ela quem era, suspeitando que algo de ruim tivesse acontecido entre elas. Ela disse que a garota fora sua colega de classe no Ensino Médio, com quem ela tivera uma briga séria. O aceno era social; o franzir dos olhos, uma demonstração traidora e honesta de emoções negativas e de desgosto (depois de sete anos). Ela não percebeu que, ao franzir os olhos, tinha entregado seus verdadeiros sentimentos sobre a garota. Ainda que, para mim, a informação tenha se destacado como um farol.

O mesmo vale para a mesa de pôquer. Quando os jogadores franzem os olhos depois de olhar suas cartas, em geral é uma reação corporal que demonstra confiança baixa, indicando insatisfação com o que viram. Eles podem estar totalmente inconscientes de transmitirem essa informação, mas, para aqueles jogadores que observaram esses comportamentos não verbais, a reação corporal é inequívoca (veja figuras 65 e 66).

Alguns jogadores – além de franzir os olhos – abaixarão suas sobrancelhas depois de observar algo significativo na mesa. Enquanto sobrancelhas arqueadas são sinais de confiança alta, sobrancelhas baixas são sinais de confiança baixa, um comportamento que indica fraqueza e insegurança do jogador (veja figuras 67 e 68). Estudos mostram que prisioneiros, ao verem novos detentos chegarem, procuram por sinais de sobrancelhas baixas que os deixem saber quem, entre os novatos, é fraco e inseguro. É também uma reação corporal que pode ser capitalizada por *você* ao procurar por fraqueza e força nos seus adversários, tanto em seus jogos quanto nas cartas que seguram.

E a dilatação das pupilas? Bem, como no caso da contração, às vezes, as pessoas poderão também modificar o comportamento dos seus olhos. Por exemplo, quando as pessoas veem algo ou alguém do qual gostam, não só suas pupilas dilatarão, mas também seus olhos!

Demonstrações de Alta e Baixa Confiança 153

Fig. 67. Sobrancelhas abaixadas surgem quando jogadores estão menos confiantes.

Fig. 68. Sobrancelhas arqueadas são boas indicações de sensações positivas.

Quando vemos algo positivo, tendemos a levantar nossas sobrancelhas (arqueamento das sobrancelhas), aumentando-as o máximo possível, o que é coerente com a dilatação das pupilas. Além disso, algumas pessoas também arqueiam a órbita dos seus olhos, o que expande ainda mais os olhos, deixando uma aparência conhecida como *olhos de flash*. As sobrancelhas levantadas agem com a expansão das órbitas dos olhos para criar aquela aparência dos olhos arregalados, associada a eventos positivos.

No jogo de pôquer, um bom "olho indicador" de confiança alta e de mão forte é quando a pessoa, ao ver suas cartas, arregala os olhos – órbitas dos olhos expandidas, sobrancelhas arqueadas. Jogadores experientes e profissionais tentam evitar essas reações corporais tão dramáticas, mas, até para eles, não é uma tarefa fácil de ser cumprida. No momento da exaltação, que começa ao vermos coisas boas como ases nas cartas fechadas ou um *flush* matador no *flop,* é comum as pessoas esquecerem de controlar suas emoções e aqueles olhos de *flash* iluminam a sala. Tal *flash* deve ajudá-lo a iluminar sua estratégia mais efetiva quando você joga a partida.

O aluno de Phil torna-se um bom pupilo e revela a importância das reações corporais dos olhos

Se você é um tipo de pessoa "Sou de Missouri", que diz "me mostre"* antes de começar a acreditar em algo, então gostará dessa história sobre o poder das reações corporais em um jogo eficaz de pôquer. Isso aconteceu no congelante torneio do meu primeiro Camp Hellmuth. Eu estava em uma mesa com o colunista da ESPN Poker Club e o produtor Andrew Feldman, quando a seguinte partida aconteceu: Andrew apostou com um par de 7 nas cartas fechadas e eu fiz um *call* com 9 nas cartas fechadas. O *flop* veio como um arco-íris, com 8, 6 e 4. Andrew aumentou e eu fiz um *call*, planejando uma armadilha para ele. A carta virada foi um 8, que fez par com o que estava na mesa. Andrew fez outra aposta e eu fiz um *call*, sentindo uma fraqueza no meu oponente. A carta *river* foi um 7 e aí Andrew fez uma aposta grande. Lembrando que Joe acabara de discutir sobre como os olhos de um jogador dilatam

---

*N.T.: O Missouri é chamado de *Show Me State* ("Estado me mostre"), porque seu povo tem a reputação de acreditar somente no que vê.

quando ele vê algo de que gosta, olhei diretamente para os olhos de Andrew, logo depois de o 7 chegar à mesa. Não podia acreditar! Seus olhos dilataram enquanto eu examinava seu rosto. Logo em seguida, suspeitei ter perdido a partida, mas ganhei uma excelente oportunidade para ilustrar o poder do que os alunos estavam aprendendo. Peguei o microfone e anunciei aos participantes do acampamento que, por eu ter detectado uma reação corporal do Joe no meu oponente, iria desistir dos meus 9, das minhas cartas fechadas, porque a dilatação dos olhos de Andrew me convenceu de que o 7 havia tornado sua mão imbatível. Andrew, então, virou os 7 de suas cartas fechadas e revelou um *full house:* 7 sobre 8.

Ao escrever sobre a experiência em sua coluna sobre pôquer, foi assim que Andrew descreveu a experiência e o que sentiu:

"Obrigado, Joe", Phil Hellmuth diz, enquanto desiste da sua mão.

Eu [Andrew Feldman] me sentei na cadeira dois daquela mesa, atordoado, pensando o que eu tinha deixado transparecer. Não tinha me mexido. Não achava que tivesse agido de forma tão rápida ou que minha aposta no *river* tivesse sido inadequada. Não tinha piscado o olho.

Hellmuth pega o microfone e inicia sua explicação para todos do torneio, antes que eu pudesse apanhar as minhas fichas.

"Joe, você disse esta manhã que, quando os olhos de alguém dilatam, é porque viram algo de que gostaram". Hellmuth disse. "Quando aquele sete chegou ao *river*, seus olhos dilataram. Obrigado, Joe."

Ah, cara.

Que diabos foi aquilo, Andrew?!? Vá arrumar uns óculos escuros!

Não podia acreditar. Levantei e gritei: "Obrigado, Joe", recebendo risos amarelos.

Sim, muito obrigado, Sr. FBI. Você me custou $900 em fichas.

Hellmuth fez uma leitura perfeita de mim. O sete no *river*, que, por acaso, foi um grande *suckout*,* me deu um *fullhouse*, setes sobre oitos.

Apesar de todas as palestras terem sido interessantes e informativas, nenhuma delas se comparou à de Navarro sobre a leitura das pessoas. Uma palavra: incrível. Até Hellmuth e Cloutier tomaram notas.

Quisera eu que não tivessem tomado.**

---

*N.T.: Quando um jogo muito forte é derrotado por um jogo mediano ou fraco.
**N.A.: O artigo de Andrew Feldman foi publicado no dia 24 de agosto de 2005. Pode ser encontrado em <http://proxy.espn.go.com/espn/poker/columns/story?columnist=feldman_andrew&id=2141913>.

Capítulo 12

Comportamentos Tranquilizadores e Reações Corporais de Pôquer

Farei a você uma oferta que não poderá recusar. Darei 1 milhão de dólares a você, se puder me provar que nunca passou por *estresse* na sua vida.

Como posso fazer essa oferta? Porque tenho certeza de que ninguém nunca conseguirá receber esse dinheiro. O estresse é uma condição pela qual todos nós passamos. Pode ser causado por muitas coisas: por exemplo, frustrações, prazos, excesso de trabalho, conflitos emocionais ou a perda de alguém amado. Vivemos em uma época estressante, cercados por circunstâncias estressantes. A única forma de eliminar o estresse de nossas vidas é eliminar a própria vida, já que é somente na morte que estaremos verdadeiramente livres do estresse.

Ao longo do desenvolvimento humano, nós, como espécie, desenvolvemos um repertório de *comportamentos tranquilizadores* para ajudar os nossos corpos a lidar com o estresse. Esses são comportamentos de que o cérebro necessita e que adaptou para se confortar quando se depara com fatores estressantes internos e/ou externos. Vemos esse tipo de comportamento em recém-nascidos e em crianças pequenas quando chupam o dedo ou chupeta. À medida que crescemos, desenvolvemos outros tranquilizadores para aliviar o estresse. É quase como se o cérebro dissesse: "Ei, corpo, faça alguma coisa para me acalmar... tranquilize-me...". E, quando fazemos isso, o cérebro grava esses comportamentos tranquilizadores que tiveram o efeito desejado e, assim, tendemos a repeti-los em situações futuras de estresse.

"Houston, nós temos um problema..."

Se você quiser ver a relação dramática entre o estresse e o comportamento tranquilizador, precisa olhar para o Mission Control Center em Houston, naquele fatídico dia em 1970, quando os astronautas da Apollo 13 disseram: "Houston, nós temos um problema". Se você analisar os vídeos da equipe do Mission Control Center, verá que quase todos estavam envolvidos em algum tipo de comportamento tranquilizador. Aqueles trabalhadores foram, de repente, confrontados com uma situação de estresse muito forte e seus cérebros estavam dizendo: "Faça alguma coisa, me acalme". E eles fizeram. Sabemos que qualquer toque da mão com o corpo pode ser tranquilizador, mais ainda em áreas sensíveis como o rosto e o pescoço... e foi isso o que os engenheiros, cientistas e técnicos fizeram no Mission Control: eles ficaram massageando seus pescoços, afagando seus rostos, esfregando suas testas, lambendo seus lábios. Esses comportamentos tranquilizadores não auxiliaram a equipe do Mission Control a resolver o problema da Apollo 13, mas ajudaram a mantê-los calmos enquanto trabalhavam até o fim.

Quando as pessoas estão sob alto estresse, há um aumento definido nos comportamentos tranquilizadores. Alguns desses comportamentos também se tornarão mais acentuados, como foi o caso de um supervisor do Mission Control que começou a mascar seu chiclete com mais vigor quando o problema foi descoberto, ou um estudante universitário que fuma mais cigarros em dias de prova do que em dias de aulas normais.

O que nos leva ao tópico do pôquer? O pôquer é classificado como um jogo. Jogos, normalmente, são pensados como entretenimento, distrações agradáveis dos rigores da vida nas quais os participantes se divertem, envolvendo-se em alguma atividade aprazível. Quando o pôquer é jogado dessa forma, em casa, por palitos de dente ou até com limites de centavos, você não verá muito estresse, nem, como seria de se esperar, muitos comportamentos tranquilizadores. Não há necessidade disso. Porém, quando começamos a "jogar" pôquer por uma quantidade significativa de dinheiro – em especial, os potes multimilionários disputados nos torneios WPT e WSOP –, daí haverá bastante estresse, bem como comportamentos tranquilizadores que o acompanham.

Portanto, como você, o leitor, pode se beneficiar de tudo isso? Na medida em que você joga por pingos cada vez mais altos, o estresse se tornará um fator cada vez mais significativo na mesa e é aí que seu conhecimento sobre reações corporais tranquilizadoras o ajudará a ler seu(s) oponente(s). Aqui estão alguns passos para ajudá-lo a entender e utilizar as reações corporais tranquilizadoras de forma mais eficaz no pôquer.

1. *Você precisa reconhecer os comportamentos tranquilizadores quando eles ocorrerem.* Eu identificarei para você os mais comuns, em breve.
2. *Você precisa estabelecer um padrão para cada oponente* quando as coisas estiverem calmas na mesa (em geral, quando um jogador está no intervalo das partidas ou quando já desistiu). Alguns jogadores se tranquilizarão ao longo da partida; outros não farão isso, exceto quando seus níveis de estresse se elevarem significativamente. Ao identificar o comportamento padrão do jogador, você poderá perceber qualquer aumento e/ou intensidade no comportamento tranquilizador, reagindo de acordo.
3. *Quando vir um oponente fazendo gestos tranquilizadores, você precisará parar e se perguntar: "O que o levou a fazer isso?".* Você sabe que o jogador está inquieto com alguma coisa; seu trabalho é descobrir que coisa é essa.
4. *Comportamentos tranquilizadores quase sempre são usados para acalmar a pessoa depois de um evento estressante ter ocorrido*; portanto, como um princípio geral, você pode supor que, se um jogador se envolver em um comportamento tranquilizador, algum evento estressante o precedeu e o provocou.
5. *É comum comportamentos de estresse acontecerem logo depois de ações significativas ocorrerem na mesa de pôquer*, principalmente quando os jogadores veem carta(s) nova(s) ou fazem apostas (em particular, aumentos grandes ou reaumentos). Portanto, esse é o momento de observá-los, bem como qualquer comportamento tranquilizador que ocorrer.
6. *A habilidade de ligar um comportamento tranquilizador com o fator de estresse específico que o causou, o ajudará a jogar contra seu oponente de forma mais eficaz.* Se, por exemplo, o jogador A fizer um grande aumento e, ao ver isso, o jogador B de imediato começar a esfregar sua nuca (uma atitude tranquilizadora), essa aposta causou um estresse suficiente para que o cérebro do jogador B implorasse para ser tranquilizado. Isso deve servir como uma dica de que a aposta chateou o jogador B e você vai querer considerar essa informação no seu jogo. O que o comportamento do jogador B sugere? É possível que ele não queira arriscar tanto dinheiro e, por isso, o valor alto da aposta o estressou e agora ele está se tranquilizando para se

acalmar. Uma inferência mais provável é que o jogador B não tem força em sua mão para fazer um *call* ou aumentar a aposta do jogador A, e foi *isso* que causou o estresse e o comportamento tranquilizador resultante.

7. *Comportamentos tranquilizadores podem ajudá-lo a ler as pessoas de forma mais eficaz quando estiverem acompanhados por outras reações corporais.* Portanto, você deve ficar atento para identificar, sempre que possível, reações corporais múltiplas, para que possa fazer julgamentos globais sobre as intenções das pessoas e a força de suas mãos. Por exemplo, se você vir uma pessoa comprimir os lábios depois de ter visto o *flop* (reação corporal que demonstra confiança baixa), e em seguida fazer uma aposta alta, seguida por um comportamento tranquilizador (tocar o rosto ou lamber os lábios), você pode ter mais certeza de que ela tem uma mão fraca e está se tranquilizando para aliviar o estresse do blefe. Outro exemplo: se a carta virada for revelada e você vir um jogador se afastar da mesa (reação corporal que demonstra confiança baixa), para, em seguida, agir de forma tranquilizadora (esfregando sua testa), você pode ficar relativamente seguro de que a carta não o ajudou!

8. *Observe qual parte do corpo a pessoa tranquiliza.* Isso é significativo, porque, quanto mais alto o estresse, maior a parte do rosto ou do pescoço envolvida.

9. *Observe a intensidade (frequência, pressão utilizada) do comportamento tranquilizador.* Se a pessoa for fumante e estiver estressada, fumará mais. Se ela mascar chiclete, mascará mais rápido.

10. *Apesar de nem sempre ser verdadeiro, pode-se considerar que um jogador está blefando se demonstrar um comportamento tranquilizador logo depois de ter feito uma aposta alta.* Um jogador famoso, que aparece com frequência na televisão, tem o hábito de inflar as bochechas e, em seguida, exalar lentamente o ar pela boca. Esse é um comportamento tranquilizador e ele faz isso sempre que está blefando.

11. *Lembre-se de que, quanto mais altos forem os pingos, maior o estresse; e, quanto maior o estresse, mais comportamentos tranquilizadores você verá à mesa.*

Reações corporais tranquilizadoras que devem ser observadas à mesa de pôquer

Ao longo da evolução humana, certos comportamentos tranquilizadores "padrão" emergiram para ajudar a nos acalmar diante de situações estressantes. Irei descrevê-las agora. Quando as vir durante um jogo, tire vantagem da sua observação – utilizando os 11 passos que acabei de apresentar – para ler melhor seu oponente e aumentar suas chances de vencer nas mesas.

Comportamentos tranquilizadores que envolvem o pescoço

Tocar e/ou afagar o pescoço é um dos comportamentos tranquilizadores mais significativos e frequentes que usamos para reagir ao estresse. Algumas pessoas esfregam a nuca com os dedos; outras afagam os lados do pescoço ou apenas embaixo do queixo, em cima do pomo de adão, puxando a parte mais carnuda do pescoço. Essa área é rica em terminações nervosas que, quando acariciadas, reduzem a pressão sanguínea, diminuem os batimentos cardíacos e acalmam o indivíduo. É aqui, também, onde o nervo vago atravessa o pescoço. Um dos participantes do Camp Hellmuth enfatizou: "O que acontece no vago acalma em Vegas". Sim, ele recebeu o diploma.

Observei, ao longo de décadas, que há diferenças de gênero no modo como homens e mulheres usam o pescoço para se tranquilizarem (veja as figuras 69 a 74). É comum os homens serem mais vigorosos em seus movimentos, apertando ou pondo as mãos em concha na frente do pescoço (debaixo do queixo) e estimulando seu nervo vago como um modo de se tranquilizar. Às vezes, eles afagarão as laterais da parte de trás do pescoço com seus dedos ou ajustarão o nó da gravata ou o colarinho. Mulheres fazem de um jeito diferente. Quando se tranquilizam, usando o pescoço, às vezes tocam, torcem ou manipulam os colares que estiverem usando. Outra forma recorrente usada pelas mulheres para se tranquilizarem usando o pescoço é cobrir com as mãos a *região supra--aesternal*. A região supra (que vem de palavras que significam "acima" e "esterno") é a área côncava logo abaixo do pomo de Adão, geralmente chamada de *cavidade do pescoço*. As mulheres colocam suas mãos nessa parte do pescoço e/ou a cobrem quando se sentem estressadas; por exemplo, quando se sentem ameaçadas, com medo, desconfortáveis... ou ansiosas na mesa de pôquer.

Cobrir a região supraesternal é uma reação corporal relativamente significativa. Pode ser usada para detectar quando a pessoa está blefando,

Fig. 69. Tocar o pescoço na parte da frente é um indicador de desconforto ou estresse.

Fig. 70. Tocar o lado do pescoço também é um gesto tranquilizador.

tanto na vida, quanto no pôquer. Lembro-me de uma investigação do FBI na qual pensamos que um fugitivo armado e perigoso estivesse se escondendo na casa da sua mãe. Eu e outro agente fomos à casa da mulher e, quando batemos na porta, ela veio do lado de fora nos encontrar. Mostramos nossa identificação e começamos a fazer uma série de perguntas. Quando perguntei: "Seu filho está na sua casa?", ela colocou sua mão na região supraesternal e disse: "Não, ele não está". Percebi esse comportamento e continuamos com nosso interrogatório. Depois de alguns minutos, perguntei: "É possível que, enquanto você estava trabalhando, seu filho tenha se esgueirado para dentro da casa?". Mais uma vez, ela colocou as mãos no pescoço e respondeu: "Não, eu saberia". Agora, eu tinha certeza de que seu filho estava na casa, porque os únicos momentos em que ela tinha colocado a mão no pescoço haviam ocorrido quando sugeri essa possibilidade. Para ter certeza absoluta de que a minha avaliação estava correta, continuamos a conversar com a mulher até que, quando nos preparávamos para sair, fiz uma última pergunta: "Apenas para que eu possa finalizar meus registros, você tem *certeza* de que ele não está na casa, certo?". Pela terceira vez, sua mão se acomodou no pescoço, enquanto ela repetia a resposta anterior.

Fig. 71. Massagear a parte de trás do pescoço é, em absoluto, um indicador de estresse.

Fig. 72. As mulheres cobrem a cavidade do pescoço quando estão estressadas ou com medo.

Agora eu tinha certeza de que a mulher estava mentindo. Uma busca na casa acabou encontrando seu filho desaparecido no *closet* de um quarto.

Os homens apresentam uma variação desse comportamento, contudo mais sutil. Os homens mexem com o nó de suas gravatas ou unem as pontas do colarinho, como se quisessem cobrir o pescoço. Em todo caso, ainda assim é um indicador de uma angústia que ocorreu em tempo real, e deve ser capitalizado pelo jogador de pôquer experiente, que percebe que esse é um sinal de fraqueza.

Tenho uma nota de rodapé interessante para esse incidente. Quando eu trabalhava no programa do Discovery Channel com Annie Duke, percebi que, quando alguma coisa a perturbava, ela se tranquilizava cobrindo a região supraesternal. Eu lhe disse: "Você precisa tomar cuidado com essa reação de cobrir o pescoço, porque, se eu posso vê-la, seus oponentes na mesa de pôquer também podem. Acho que você deve exibir esse comportamento quando está blefando, e os outros jogadores podem decifrá-lo e perceber que você tem uma mão fraca". Depois de eu ter identificado o comportamento, ela, de fato, reconheceu estar tocando o pescoço desse jeito e disse que se esforçaria para parar. É

Fig. 73. Brincar com o colar é uma modificação do comportamento de tocar a cavidade do pescoço.

Fig. 74. Os homens ajustam o nó da gravata quando estressados ou preocupados.

preciso reconhecer seu empenho: desde a nossa conversa, nunca mais a vi fazendo isso.

Comportamentos tranquilizadores que envolvem o rosto

Tocar ou afagar o rosto é uma reação humana tranquilizadora frequente ao estresse. Afagar o rosto, esfregar a testa, tocar, esfregar ou lamber o(s) lábio(s), puxar ou massagear o lóbulo da orelha com o polegar e o indicador, afagar o nariz ou a barba, mexer no cabelo – todas essas atitudes podem servir para tranquilizar o indivíduo diante de uma situação estressante. Algumas pessoas se tranquilizam estufando as bochechas e então soltando o ar lentamente (veja figuras 75 a 79).

Comportamentos tranquilizadores que envolvem sons

Assobiar pode ser um comportamento tranquilizador (veja figura 80). Algumas pessoas assobiam para se acalmar quando estão andando em uma área desconhecida da cidade ou por um corredor ou estrada escura e deserta. Eu estava em uma mesa onde um jogador, de repente, notou estar assobiando logo depois de ter blefado. Ele assobiou

Fig. 75. Inflar as bochechas e exalar devagar é um bom indicador de estresse.

Fig. 76. Tocar o rosto pode ajudar a acalmar os nervos quando estressado ou blefando.

para se tranquilizar, porque tinha medo de que fosse pego blefando e perdesse. Foi o que aconteceu. Algumas pessoas até falam para se tranquilizar em momentos de estresse. Pode ser significativo se a pessoa que estava quieta ao longo da sessão de pôquer, de repente, se tornar tagarela. Se isso acontecer, você deve se perguntar: "Por que, de repente, essa pessoa começou a falar?. É porque seu cérebro está dizendo 'Me tranquilize!'". Se isso acontecer logo depois de a pessoa ter feito uma aposta grande, você pode considerar a possibilidade de um blefe. Se isso ocorrer depois que um indivíduo vir suas cartas, mas *antes* de fazer o *call* ou aumentar a aposta de outro jogador, você pode suspeitar que esse jogador está estressado porque precisa decidir se quer se envolver no pote com as cartas que tem. Isso sugeriria que ele tem uma mão fraca ou incerta.

A limpeza das pernas

Um comportamento tranquilizador que nem sempre é fácil de ser visto (porque acontece debaixo da mesa) é a limpeza das pernas. Ocorre quando a pessoa esfrega as mãos por cima das pernas (escovando as calças),

Fig. 77. Esfregar a testa pode ajudar a acalmar os nervos.

Fig. 78. Puxar o lobo da orelha é usado para tranquilizar.

como se as estivesse limpando ou enxugando. Alguns indivíduos farão isso somente uma vez, mas é comum ser feito repetidas vezes. Essa reação corporal é uma boa indicação de que alguém está estressado e, por isso, vale a pena observá-la. Uma forma de tentar identificar esse comportamento é observar qualquer oponente que coloque seus braços embaixo da mesa. Se ele estiver fazendo uma limpeza das pernas, você provavelmente verá a parte superior dos seus braços se mexendo em harmonia com a mão, enquanto esfrega a perna (veja figuras 81 e 82).

O ventilador

Nesse comportamento, a pessoa (em geral um homem) coloca os dedos entre o colarinho da camisa e o pescoço e puxa o tecido, afastando-o da sua pele. Esse movimento "ventilador", muitas vezes, é uma reação de estresse e um bom indicador de que a pessoa está infeliz com sua mão e/ou com outros eventos significativos que ocorreram na mesa (veja figura 83).

Fig. 79. Mulheres brincam com os cabelos para se acalmarem.

Fig. 80. Assobiar pode ajudar a acalmar os nervos quando blefamos.

Fig. 81. Mãos sobre as pernas são usadas para secar o suor e tranquilizar o jogador.

Fig. 82. Esfregar as pernas acalma os jogadores, mais ainda quando eles têm uma mão ruim.

O autoabraço

Esse é o comportamento tranquilizador que Phil deixou famoso. Ao se deparar com circunstâncias de estresse, alguns indivíduos irão se tranquilizar cruzando os braços e esfregando as mãos nos ombros (veja figura 84). Observar uma pessoa utilizar esse comportamento tranquilizador traz à memória o modo pelo qual uma mãe abraça seu filho pequeno. É uma postura protetora. Por outro lado, se você vir uma pessoa com seus braços cruzados à frente, inclinando-se para a frente e olhando-o de forma desafiadora, esse *não* é um comportamento tranquilizador.

De certo modo, comportamentos tranquilizadores são "coadjuvantes" no nosso enredo de leituras bem-sucedidas de pessoas, enquanto vamos em busca de um final feliz para o nosso jogo de pôquer. Considerados individualmente, podem ser muito úteis, mas sua utilidade será maior se forem considerados com os "atores principais" (as reações corporais descritas nos capítulos anteriores). São nessas circunstâncias que os comportamentos tranquilizadores podem nos ajudar a fazer discriminações mais precisas nos nossos julgamentos e determinações mais certas no modo pelo qual nossos oponentes lidam com o jogo.

Fig. 83. Ventilar o pescoço é um indicador bem preciso de estresse.

Comportamentos Tranquilizadores e Reações Corporais de Pôquer 171

Fig. 84. Autoabraço é um indicador certo de desagrado ou preocupação.

Capítulo 13

"Rumo a Hollywood" na Era da Gestão da Percepção

Eles espreitam as mesas de pôquer do cassino, esperando por uma deixa. Se você já ficou algumas horas em um jogo, você os viu fazer sua entrada. Estou falando, é claro, daquele indivíduo apelidado de "ator do pôquer". Esse personagem tomou Shakespeare ao pé da letra e acredita que, quando o poeta diz "O mundo todo é um palco", isso inclui a mesa de pôquer em que, por acaso, você está sentado. É aqui onde ele começa a atuação – conhecida como "rumo a Hollywood" – para alcançar um ou os dois objetivos abaixo.

1. Ele incorpora uma *persona* agressiva para intimidá-lo e (a) fazer com que desista da sua mão ou (b) fique tão nervoso que acabe jogando de um jeito menos eficaz. Ele atua olhando de modo agressivo, invadindo territorialmente seu espaço e/ou fazendo comentários verbais incendiários, depreciando suas habilidades no pôquer.
2. Ele se mostra (exibe comportamentos barulhentos, desagradáveis, agressivos, insultantes, grosseiros) para ganhar atenção da mídia, ter seu nome reconhecido e, com sorte, acordos lucrativos. Esse comportamento tem uma origem relativamente recente, crescendo com as partidas de pôquer televisionadas, em que jogadores petulantes, provocadores, podem aumentar o *Nielson ratings*,* e, ao mesmo tempo, o seu próprio *status* de celebridade. Infelizmente, ao tentar atuar para as câmeras, esse jogador pode acabar colocando-o, às vezes, na linha de fogo.

---

*N.T.: O *Nielsen ratings* é um sistema de medição de audiência de programas televisivos.

Ignorar os jogadores que querem ir para Hollywood é algo que deve ser feito para seu bem. Caso contrário, parafraseando o que Clint Eastwood costumava dizer, você fará o dia deles. Como enfatizei no capítulo 2, ser envolvido em um combate de testosterona somente reduzirá sua habilidade para jogar pôquer de forma sólida e racional.

Apesar de não ser nada ilegal querer ir a Hollywood e/ou se exibir, acredito que isso demonstra desrespeito pelo jogo e eu não recomendaria que você assumisse algum desses comportamentos. Por outro lado, atuar – sem o tom grosseiro dos exibidores de Hollywood – é um aspecto do pôquer profundamente arraigado e legitimado, usado por jogadores para passar a perna nos seus oponentes e ganhar mais dinheiro nas mesas. No FBI, referimo-nos a isso como gestão da percepção.

Gestão da percepção

A gestão da percepção é o processo pelo qual um indivíduo cria uma imagem de si mesmo que, se for comprada pelos outros, o beneficiará. A imagem não precisa ser verdadeira; de fato, em muitos casos (principalmente no trabalho com uso de disfarce do FBI), a gestão da percepção envolve a criação de uma imagem de si mesmo totalmente em desacordo com a realidade (pense em um agente de drogas usando disfarce). Na verdade, um agente do FBI, utilizando a gestão da percepção, está blefando. Ele está fingindo ser alguém que não é... e espera passar despercebido para que ganhe confiança e, eventualmente, prenda e condene os caras malvados.

Na mesa de pôquer, usamos a gestão da percepção para enganar nossos oponentes, levando-os a acreditar em algo que não é verdadeiro. Quando você está nervoso, tenta parecer estar em uma boa, calmo e controlado. Quando está lutando contra alguma coisa, é como se você não estivesse se importando com a luta. *Você quer fazer com que seu oponente acredite no que você quiser que ele acredite, e você faz isso comportando-se de maneira que o convença a agir de acordo com suas vontades.*

Considere a gestão da percepção quando se trata do blefe. Muitos jogadores – até amadores – tentarão convencê-lo de que eles estão fortes, quando estão fracos, e fracos, quando estão fortes. Por exemplo, um jogador pode blefar franzindo o cenho e parecendo desencorajado, quando tem cartas muito boas, e exibir um sorriso confiante, quando não tiver nada em suas mãos, além de sonhos.

Para a pessoa treinada a observar as reações corporais, analisar um oponente que não tem experiência em fingir não é difícil. As reações corporais falsas são facilmente reconhecíveis por sua característica *exagerada, artificial*. O comportamento é tão afetado que parece artificial; não flui naturalmente, e o "ator" mantém a "pose" (reação corporal) por tempo excessivo. Além disso, o comportamento é transparente porque chama a atenção e é ultrajante e pretensioso demais para ser levado a sério. O blefador pretensioso tende a agir de forma oposta ao comportamento natural: ou ele é, subitamente, amigável em relação a um oponente, ou olha para ele de forma agressiva, agindo com indiferença ou falando demais e exibindo níveis inusitados de entusiasmo. Na verdade, muitos indivíduos que fingem reações corporais que demonstram confiança exibem mais *exuberância* que *investimento;* em outras palavras, seu entusiasmo verbal excede sua vontade de investir. "Tenho uma ótima mão", eles dizem, mas não fazem uma aposta que seja condizente com suas palavras. Eles falam demais e pagam de menos e, quando a exuberância ultrapassa o *investimento no pote*, isso deve fazer com que você pare e pergunte por quê. Esses mesmos indivíduos têm uma tendência de convencer (com ênfase exagerada), em vez de transmitir informações (de forma simples, não repetitiva): eles fazem múltiplos esforços tentando persuadi-lo de terem uma mão muito boa ou muito ruim. Em todos os casos, para o observador treinado, a má atuação do ator de pôquer acaba entregando mais do que se ele simplesmente não atuasse.

Mas e a pessoa que pratica e afina suas reações corporais de forma que possa utilizá-las contra você em um tipo de psicologia reversa? Há sempre a chance de isso acontecer, mas não é tão fácil quanto parece e, além do mais, há formas de detectar as falsas reações corporais. Considere esses pontos:

1. É preciso talento para exibir reações corporais falsas de forma eficaz. Isso porque a pessoa que está inclinada a enganar os outros precisa lutar contra sua tendência de reagir de acordo com o sistema límbico ao mostrar a emoção oposta.

2. Um observador habilidoso procurará por múltiplas reações corporais – ou grupos de reações corporais – reveladas por um adversário. Um jogador que tenta fingir uma reação corporal, com frequência, se entrega, por causa de um segundo comportamento não verbal contraditório. É por isso que enfatizo que reações corporais congruentes e coerentes garantem maior precisão. Reações corporais contraditórias devem colocar a pessoa em alerta para possíveis enganos. Por exemplo, antes de acreditar no jogador que exibiu um desgosto facial

com suas cartas (fingindo fraqueza), devo querer combinar esse comportamento com alguma outra reação corporal. Se não puder achar nenhuma, serei muito cauteloso. Também ficaria interessado na posição de seus pés. Se eu vir seus pés em posição de prontidão, mas a parte de cima do seu corpo fingir não estar na mesma posição, sempre considerarei a parte mais honesta do corpo, que é o pé, e irei supor que ele irá agir, em vez de desistir da mão.
3. Reações corporais falsas sempre parecem empoladas ou artificiais.
4. Você não pode usar as reações corporais para enganar alguém se, antes de tudo, não conhecer essas reações corporais. As pessoas que não tiverem lido este livro (e haverá muitas delas) não estarão cientes das reações corporais discutidas nestas páginas e, assim, não serão capazes de utilizá-las para seus propósitos enganosos. Enquanto isso, elas permanecerão vulneráveis ao entregarem, inconscientemente, suas próprias reações corporais, que poderão ser reconhecidas pelos leitores deste livro e utilizadas em sua vantagem.
5. Ao observar jogadores específicos ao longo do tempo, você aprenderá quais exibem reações corporais falsas e quais mostram reações corporais verdadeiras. Quanto melhor você conhecer seu adversário, mais fácil será fazer essas distinções. Há sempre o perigo de que, quando alguém conhecer uma reação corporal, tente utilizá-la para enganar; mas, em geral, quanto mais reações corporais você identificar e melhores forem suas habilidades de observação, mais frequentemente você será beneficiado ao saber da reação corporal de alguém, em vez de ser enganado por ela.

Quando o fingimento se torna doloroso

Uma reação corporal que pode ser interpretada e/ou usada com extremo cuidado envolve o *fingimento de desinteresse* durante um jogo de pôquer (veja figura 85). Considere como um exemplo esse cenário: no meio da partida, uma pessoa olha para longe da mesa, fingindo desinteresse. O que isso significa? Essa reação corporal está por aí há tanto tempo que os jogadores a utilizam por razões diametricamente opostas: (1) para fazer com que um oponente pense que eles não estão interessados na mão, quando, na verdade, estão (fingir fraqueza quando estão fortes);

Fig. 85. Olhar para longe fingindo desinteresse é um blefe pobre visto com frequência em mesas de pôquer.

(2) para fazer um oponente pensar que suas cartas são tão boas que nem precisam se preocupar com a perda do pote (fingir força quando estão fracos). Portanto, eu não daria muito valor para esse comportamento não verbal. Não é uma reação corporal clara. No mínimo, eu gostaria de ver se há algum sinal de confiança alta ou baixa associado ao fingimento de desinteresse, bem como alguns sinais de comportamentos de envolvimento ou tranquilizadores.

Uma pessoa que pratica o método "ocultar e não revelar" está usando a gestão da percepção?

Na verdade, não. Indivíduos que estão tentando esconder suas reações corporais estão em um modo passivo. Eles estão tentando evitar entregar informações. Indivíduos que usam a gestão da percepção estão em modo ativo; estão entregando informações de propósito, mas de maneira a manipular o pensamento dos seus oponentes. O jogador que "oculta, não revela" está tentando esconder e/ou eliminar reações corporais; o jogador que utiliza a gestão da percepção está tentando revelar e transmitir reações corporais para ganhar vantagem técnica nas mesas.

A realidade acerca da gestão da percepção

Hoje, há tão poucas pessoas que fazem um esforço concentrado para ler reações corporais nas outras pessoas que eu não me preocuparia muito com os indivíduos que, intencionalmente, usam as reações corporais para enganá-lo nas mesas. É claro que é algo em que devemos prestar atenção, mas não precisamos ficar obcecados a respeito.

Entende-se, como regra, que os jogadores passam por três estágios de desenvolvimento enquanto suas habilidades no pôquer amadurecem. No primeiro estágio, eles *jogam com suas cartas*. Há pouca ou nenhuma preocupação com o que acontece na mesa além do seu jogo. No segundo estágio, o foco se expande e começa a incluir *quais cartas o oponente tem*. É durante esse estágio que o jogador se conscientiza – e utiliza – as reações corporais para tentar descobrir a força da mão dos seus oponentes. No terceiro estágio, o jogador dá o último passo e começa a considerar *quais cartas seu oponente pensa que ele tem*. É nesse estágio final que a gestão da percepção se torna uma questão, já que o jogador dá passos para dissimular e/ou enganar seus oponentes acerca da força das suas mãos.

Se você já estiver bem versado no comportamento não verbal e puder ler as pessoas de forma bem-sucedida (segundo estágio), então pode tentar usar um pouco de gestão da percepção (terceiro estágio), utilizando as reações corporais com o propósito de enganar seus oponentes. Contudo, antes de fazer os jogadores acreditarem que você tem uma supermão (quando você não tem), você precisará, literalmente, religar seu sistema nervoso para passar por cima de todas as reações límbicas normais, para poder adaptar todos os comportamentos sutis relacionados a confiança: postura ereta; tronco inclinado para a mesa; dilatação do nariz; respirar profundamente, em vez de segurar a respiração; polegares altos e braços posicionados apropriadamente na mesa. Se você puder fazer tudo isso de uma forma que os outros acreditem ser genuína, e eles são experientes demais para *procurar* por esses comportamentos, então você será capaz de mudar para um nível ainda mais alto de sua escalada rumo ao estrelato no pôquer.

Francamente, ficarei mais do que satisfeito se você for capaz, de forma bem-sucedida, de: (a) ocultar e não revelar suas próprias reações corporais; e (b) detectar reações corporais nos seus adversários e usar essa informação para aumentar a porcentagem de vitórias nas mesas. Se você conseguir alcançar esses dois objetivos, será um jogador de pôquer formidável contra qualquer oponente, quando e onde quer que o jogo seja jogado.

Como usei a gestão da percepção contra o mestre

Joe nos conta que a gestão da percepção é o processo pelo qual um indivíduo cria uma imagem de si que poderá beneficiá-lo, caso as outras pessoas acreditem nela. Tento fazer isso pelo que chamo de "reação corporal falsa": a fabricação de um gesto, um movimento, um padrão de fala ou simplesmente o jeito que eu empurro as fichas para o pote, que envia um sinal sutil para seus oponentes de que você está forte, quando está fraco, ou fraco, quando está forte. O momento mais oportuno para usar uma reação corporal falsa seria durante um pote-chave: um pote que vale a pena ser ganho, um pote que faz você querer manipular os outros para ganhá-lo. Se você usar demais a reação corporal falsa, isso levará as pessoas a enxergarem suas reações corporais sob outro prisma, tornando a tática ineficaz no futuro.

Uma vez, usei uma reação corporal falsa no cassino Taj Mahal, no campeonato No-Limit Hold'em, com o valor mínimo de 7 mil dólares, em Atlantic City, em outubro de 2009. Durante o torneio, aconteceu o seguinte: com *blinds* em 100 a 200 dólares, três jogadores fizeram um *call* na aposta original e, a partir do *small blind*,* optei por fazer um *call* também, com 4-4. Com um *flop* de dama de copas, 4 de espadas e dois de ouros, verifiquei minha mão quase imbatível. Daí em diante, *check*** (*big blind*,***) *check, check* e, então, Men "o Mestre" Nguyen apostou $600. Aí decidi, rapidamente, usar minha reação corporal falsa para atrair Men – ou os outros jogadores – a me pagar o máximo de fichas possível. Mais ou menos uma hora antes, eu havia feito um grande blefe e, depois de ter feito um *call,* memorizei todos os gestos e olhares que fiz durante o blefe. Agora, contra Men, coloquei minhas fichas no pote daquela mesma maneira, falei do mesmo jeito, inclinei-me para trás com a mesma dimensão e, finalmente, olhei diretamente para Men, assim como tinha olhado antes, quando meu blefe foi exposto.

Men mordeu a isca e cobriu meu aumento de 1.200 dólares. A carta seguinte foi o seis de espadas, para uma mesa com dama de copas, quatro de espadas, dois de ouros e seis de espadas, e decidi apostar a mesma porcentagem do pote que eu tinha apostado no meu último blefe. Apostei 2.500 dólares de novo, com todos aqueles maneirismos que eu havia usado durante o meu blefe real. Men cobriu os 2.500 dólares e eu decidi que apostaria 4 mil dólares se uma carta aparentemente segura surgisse.

O nove de copas que surgiu no *river* me olhou como se fosse a carta mais segura do mundo e segui com meu plano de apostar 4 mil dólares, mantendo intactos todos os meus maneirismos e reações corporais falsas. Agora eu estava rezando por um *call* de Men, quando percebi que ele estava pensando em aumentar a minha aposta! Por fim, ele fez um *call* na minha aposta de 4 mil dólares e eu, confiantemente, virei minha trinca de quatros (cada um de um tipo) e esperei que o pote fosse empurrado até mim. Depois de poucos segundos, Men virou sua mão, 9 nas cartas fechadas – ele tinha conseguido na última carta – para tirar o pote de mim.

Apesar de eu ter perdido esse pote na última carta, controlei o jogo de Men por meio de uma série de reações corporais falsas bem executadas.

---

*N.T.: É uma aposta baixa, compulsória, feita por aquele que está à esquerda do *dealer,* antes mesmo de receber as cartas.
**N.T.: Deixar de apostar, mantendo o direito de aumentar se uma aposta for feita.
***N.T.: É o dobro da *small blind*.

Joe está certo quando diz que, se você for capaz de ocultar de forma bem-sucedida e não revelar suas próprias reações corporais, e, ao mesmo tempo, detectar reações corporais nos seus oponentes, usando essa informação de forma eficaz, você será um jogador de pôquer formidável. O que estou sugerindo é que, quando você alcançar esse nível de habilidade, poderá querer acrescentar uma reação corporal falsa ao seu repertório de jogo e dar, a você mesmo, mais uma arma para seu arsenal vencedor.

Capítulo 14

O que Você Deve Saber para Vencer um Profissional

Descreverei um evento hipotético. Se acontecesse com você, quero que decida se teria sido um sonho ou um pesadelo realizado. Você acabou de chegar a Las Vegas, onde o World Series of Poker é disputado anualmente. Você decide tentar a sorte em um supertorneio *satellite* para ver se conseguirá trilhar seu caminho até o "Big One" (o campeonato mundial de 10 mil dólares). Que se dane, só custa 250 dólares para tentar. Então você despeja seu dinheiro, pega um lugar qualquer e vai para sua mesa. Ali, sentado do outro lado, está uma genuína lenda do pôquer, como Phil Hellmuth, Phil Ivey, Lyle Berman, Annie Duke ou Johnny Chan. Essa é sua primeira chance de jogar contra um verdadeiro campeão de pôquer, sua primeira oportunidade para testar suas habilidades e sua astúcia contra o melhor no negócio.

Então, qual é sua decisão? Essa "oportunidade" é algo com que você sempre sonhou ou é um pesadelo que o deixa acordado a noite inteira? Se você respondeu "um sonho satisfeito", então aplaudo sua coragem e fé no que acabou de aprender!

Se você respondeu "um pesadelo realizado", posso entender seu sentimento – eu também não sei se gostaria de jogar com Tiger Woods –, mas acho que posso acalmar seus medos e mostrar-lhe que jogar com profissionais não é tão ameaçador quanto pode parecer. Na verdade, como um anônimo, é você quem pode representar uma ameaça, em vez do contrário.

Afinal, quais são minhas chances ao jogar contra um profissional?

Surpreendentemente melhores do que você possa pensar. A razão de eu incluir esta sessão no livro é porque acredito que muitos de vocês participarão de torneios *on-line* e ao vivo, nos quais profissionais também jogam. Não precisam ser campeonatos de 10 mil a 25 mil dólares. Muitos profissionais jogam em *satellites* e em torneios de baixo custo, e em *ring games** com preços razoáveis. (No Caesars Palace Poker Room, Cindy Violette estava sentada duas cadeiras atrás do autor, jogando *No Limit Hold'em* com *blinds* de 10 e 20 dólares.)

Se você se deparar, em uma competição, com um jogador profissional famoso, precisará adotar a atitude mental certa e em seguida jogar pôquer como sempre joga. Bem, quase como sempre... acredito mesmo que jogar contra um profissional o ajudará a elevar seu jogo (quem não quer jogar seu melhor contra o melhor), o que, em uma análise final, é outra razão para que o jogo contra profissionais não o assuste; ele deve ser encarado como uma oportunidade para aprender e ganhar.

Não deixe que a mística do profissional cause um erro psicológico

A primeira coisa que precisa fazer quando reconhecer (ou descobrir) um campeão de pôquer em sua mesa é perceber que você reverenciará esse jogador. É uma reação natural, não tem por que se envergonhar disso. Não tenha medo de exibir um pouco de adoração pelo herói e até um comportamento de deferência para com essa lenda viva quando você encontrá-la pela primeira vez.

A segunda coisa que você precisa fazer é *superar isso!* Uma vez que as cartas estiverem em cena e o jogo tiver começado, você precisará tirar os olhos da estrela e colocá-los em suas cartas. Lembre-se: pôquer é o único esporte que eu conheço, que envolve muito dinheiro, em que alguém da categoria amadora pode jogar contra alguém da categoria profissional, com chance de ganhar. Acontece *muitas* vezes. Por quê? Porque, a curto prazo (em uma tarde de jogo ou até em um torneio de cinco dias), a sorte pode ter seus momentos e, se suas cartas forem as certas, em um dia de sorte você pode acabar com qualquer um. É verdade que, se você se sentar e jogar cara a cara com alguém como

---

*N.T.: Jogos ao vivo, também conhecidos como *cash games*, nos quais os *blinds* nunca aumentam e os jogadores podem entrar e sair quanto quiserem.

Phil Hellmuth oito horas por dia, ao longo de um ano, irá perder. A sorte desaparecerá e a habilidade prevalecerá. Mas, de novo, em um torneio ou em uma arena de jogo que dure questão de horas ou dias, não estamos falando de longo prazo, estamos falando de curto prazo, e no curto prazo *qualquer coisa* pode acontecer e "qualquer coisa" inclui a oportunidade para você sair com a glória e o dinheiro. Infelizmente, até no curto prazo, isso *não* acontecerá se sua mente não aceitar o fato de ser possível. Se você deixar sua reverência pelo oponente profissional destruir seu jogo, você irá perder. Por quê? Porque você será um *underdog** jogando contra dois, lutando contra seu oponente e você mesmo!

O "efeito da pontuação no boliche"

No final dos anos 1960, cientistas comportamentais conduziram um estudo no qual observaram como seria a *performance* dos jogadores de boliche quando jogassem com outros jogadores de *status* igual ou superior. Eles descobriram o que depois ficou conhecido como "efeito da pontuação no boliche": na presença de um indivíduo de *status* mais elevado, um bom jogador faria, na verdade, menos pontos do que o normal, em uma demonstração notável de deferência ao indivíduo de *status* mais elevado. Esse efeito repetiu-se em outros esportes e no comportamento humano, em geral. Se você pensar na forma pela qual tratamos nossos heróis nos Estados Unidos e a deferência que reservamos a eles, acho que perceberá do que estou falando. (Alguns dizem que demonstramos tanta deferência que indivíduos com *status* alto podem escapar de acusações de assassinato! Deixarei isso para você decidir.)

O ponto aqui é que você precisa superar sua tendência natural de ser deferente ao jogador de pôquer que você perceber como superior a você mesmo. Sim, é assustador jogar com estrelas famosas; até eles admitem terem se sentido intimidados quando se encontraram, pela primeira vez, em uma posição similar. Ninguém começa do topo da montanha do pôquer; cada jogador terá de encarar o desafio de jogar com adversários mais conhecidos enquanto escalam (ou arrebatam?) seu caminho até o ápice dos jogadores de pôquer.

Em resumo, portanto, quando você encarar uma lenda do pôquer na sua mesa (particularmente se for a primeira vez), siga estes passos:

1. Permita-se, por um momento, reverenciar seu oponente e saboreie a ideia de jogar contra uma lenda viva.

---

*N.T.: Uma mão matematicamente desfavorecida para ganhar o pote.

2. Quando o jogo começar, *não* deixe que esse sentimento de deferência continue. Supere sua tendência de ser intimidado pelo seu oponente famoso e não se torne uma vítima do efeito da pontuação no boliche.
3. Entenda que, quando o jogo começar, você terá uma chance razoável de derrotar até o profissional mais exímio, o que dá à sorte um importante papel na determinação do resultado da competição. Essas são as condições do jogo que você experimentará, e elas estão a seu favor.
4. Use o conhecimento de estar jogando contra um profissional *top* para motivá-lo; encorajá-lo a trazer seu jogo de primeira linha para a mesa. Mesmo se perder, pense como você se sentirá melhor se acreditar que mereceu o respeito daquele profissional pelo seu jeito de jogar.
5. Lembre-se de que independentemente de *quem* está sentado à mesa, as fichas não mudaram de valor, as cartas são as mesmas, as estatísticas se manterão, a sorte ainda cumprirá seu papel e qualquer um pode vencer. Concentre-se no que você sabe e jogue seu jogo. Há outras oito pessoas com as quais você deve se preocupar; o profissional é apenas uma delas.
6. Reconheça que você tem certas vantagens ao jogar contra alguém *top*, as quais podem *aumentar* suas chances de vencer. Discutirei essas vantagens agora.

Estabeleça o estado de espírito adequado para derrotar os profissionais em seus próprios jogos

Já ouvi vários jogadores de pôquer profissionais dizerem que preferem jogar contra outros profissionais a enfrentarem amadores ou jogadores intermediários. Por quê? Porque os profissionais são *previsíveis*; há ordem e justificativas em seus movimentos, cálculo e conhecimento nas decisões que tomam. Se um profissional habilidoso fingir uma mão para outro profissional, haverá uma expectativa de que a jogada funcione porque o oponente é suficientemente experiente no pôquer para compreendê-la. De forma similar, se uma profissional fizer uma aposta grande para afinar a partida antes do *flop*, ela não esperará que um oponente pague a aposta (ou até a aumente!) com 8-2 de naipes diferentes. Um profissional lamentou: "De que adianta blefar ou apostar habilmente ou até mudar sua marca no jogo se você não conseguir fazer com que a pessoa desista da mão?".

O problema é que, quando um jogador profissional se confronta com um oponente cujo talento e experiência são desconhecidos, esse oponente é uma carta *wild** que acrescenta imprevisibilidade e caos ao jogo. Isso significa, de um jeito perverso, que o profissional *teme* o novato porque ele não tem nenhuma leitura acerca das cartas da pessoa ou da sua habilidade para detectar reações corporais. Após um tempo, o profissional provavelmente poderá determinar a força e a fraqueza, as estratégias e as reações corporais de um jogador menos experiente. Veja bem, "após um tempo". Porém, enquanto isso – no curto período de tempo em que *você,* a mercadoria desconhecida, estiver sentado à mesa – você apresentará um dilema e uma ameaça para os profissionais. Eles não sabem como você joga, por que você joga dessa forma e quanta habilidade está envolvida em suas várias jogadas. Particularmente nos jogos *No-Limit Hold'em*, em que uma jogada ruim pode custar o torneio a *qualquer* jogador, você realmente terá uma vantagem assombrosa sobre os profissionais, porque eles não o conhecem e *você os conhece.*

Isso me leva a sugerir que, assim como os profissionais o acham difícil porque você é imprevisível, você deve achá-los fáceis porque eles são mais previsíveis. Você poderá fazer jogadas contra os profissionais porque, se executadas adequadamente, eles as verão e reagirão a elas da maneira que você pretendeu. Se você for sortudo, poderá saber algo específico sobre o estilo de jogo do profissional. Talvez você tenha lido um de seus livros ou os tenha visto na televisão ou lido sobre eles em revistas.

Doyle Brunson arrependeu-se de ter publicado seu livro *Super/System* sobre estratégias de pôquer, porque, quando ele o fez, todos ficaram sabendo acerca de como ele jogava e tiraram vantagem dessa informação para cortar seu lucro e seu sucesso nas mesas. Muitos dos jogadores *top* foram categorizados cuidadosamente de acordo com o nível de agressividade e as estratégias de jogo que empregam. Se você vier a encarar um profissional cujo jogo foi analisado e você estiver ciente dessa informação, ela lhe dará uma vantagem significativa durante o jogo. Você conhece o estilo de jogo dele ou dela, mas ele ou ela não sabe nada sobre o seu. Qual jogador *você* prefere ser?

Ao estabelecer o estado de espírito psicológico adequado ao jogar com profissionais, mantenha estes pontos em mente:

1. O profissional não faz ideia de como você joga e do seu nível de sofisticação. Você representa aleatoriedade onde o profis-

---

*N.T.: Carta que pode ser jogada com qualquer valor. Não existe em jogos oficiais, é mais comum em jogos caseiros.

sional quer certeza; você é uma carta *wild* que pode jogar de forma eficaz porque seu oponente *top* terá dificuldade para enganá-lo em um jogo e será forçado a jogar de forma mais defensiva.
2. Você terá uma compreensão básica de como o profissional joga porque a maioria dos jogadores de calibre tem certas regras padrão de envolvimento e desligamento, baseadas em um conhecimento prático da lógica e das probabilidades matemáticas do jogo. Esse conjunto de fatores o ajudará enquanto considera suas opções de jogo. Além disso, você pode ter conhecimento extra sobre o estilo e/ou táticas de seu adversário se tiver aprendido acerca de seu oponente em outros jogos ou na mídia. Isso lhe dará uma vantagem ainda maior ao confrontá-lo no "mano a mano".

Quando você sabe, com antecedência, com qual profissional irá jogar, estude essa pessoa e poderá ganhar

Muitos jogadores se dão conta de que irão encarar um profissional quando *estão encarando* o profissional; em outras palavras, eles só percebem isso quando vão para a mesa, prontos para jogar. Não há nenhum aviso, nenhum tempo extra para se prepararem para o confronto. Tudo o que você pode fazer em casos como esse é ir com o que você já sabe sobre o profissional, jogar um jogo de primeira e esperar pelo melhor.

Há também *outras* ocasiões. Essas são situações em que você sabe com antecedência o nome da estrela do pôquer que irá encarar nas mesas. Aqui estão algumas circunstâncias em que isso pode ocorrer: (a) em um torneio no qual os jogadores e as mesas são anunciados com antecedência; (b) em torneios que duram vários dias, nos quais, no final de cada dia, uma lista é publicada, divulgando os jogadores e as mesas designados para o próximo dia; e (c) em *cash games*,* em que certos profissionais jogam regularmente.

Se você tiver sorte suficiente para conseguir algum tempo antes de ter de sentar e jogar com um profissional específico, use essas horas (ou dias) para estudar seu oponente. Se seu adversário for um profissional que (a) apareceu na televisão, (b) escreveu algum artigo e/ou livro sobre sua estratégia e/ou (c) teve seu jogo analisado em uma publicação impressa, na internet ou em um filme, você precisará assistir e ler tudo o que puder dessas fontes.

---

*N.T.: O mesmo que *ring game*.

Exibições televisionadas de torneios são muito úteis enquanto você se prepara para encarar seu oponente. Use essas gravações como um técnico de futebol utiliza filmes com jogos do time adversário: demonstrações de fraqueza, padrões de jogo, reações corporais – qualquer coisa que lhe dê um meio para saber melhor sobre como seu oponente se comporta à mesa e como você pode derrotá-lo. Porque as cartas fechadas do jogador são expostas, você terá mais facilidade para decifrar suas reações corporais e estratégias de jogo do que se estivesse simplesmente assistindo "do parapeito" ele jogar em um cassino.

A grande vantagem para o leitor deste livro é que agora ele tem um guia para usar quando for estudar jogadores na televisão. Usando o que tiver aprendido nestes capítulos, você poderá decodificar o comportamento de qualquer número de jogadores, procurando por reações corporais específicas que eles possam exibir, que o ajudarão quando os encarar do outro lado da mesa. Posso garantir-lhe que as reações corporais estão ali. Como mencionei antes, *todos* os profissionais que estudei na televisão demonstraram, ao menos, uma reação corporal que poderia ter me dado dinheiro se eu estivesse jogando contra eles em um torneio real ou em um *ring game*.

Já ouvi alguns profissionais *top* reclamarem sobre problemas que tiveram por causa da exposição da televisão, em particular aqueles que fizeram aparições frequentes no ar. Eles sabem que é difícil disfarçar suas estratégias e manter suas reações corporais escondidas quando jogam com suas cartas expostas. Seu comportamento pode ser estudado várias vezes por qualquer um que tenha um gravador de vídeo, que saiba pausar, voltar e reexibir uma fita de vídeo.

A exposição televisionada do jogador profissional é sua oportunidade para ver seu jogo, sua estratégia e suas reações corporais. Se você receber um aviso prévio de que irá se misturar com profissionais do pôquer em algum momento de um futuro próximo, não deixe escapar essa oportunidade de aumentar suas possibilidades de vencer.

Curta a lembrança... mas não a todo custo!

No segundo Camp Hellmuth, havia um jovem jogador que tinha trabalhado por muito tempo para economizar dinheiro suficiente para pagar a taxa de inscrição. Ele estava empolgado por estar lá e, durante o torneio do acampamento, acabou em uma mesa com uma das maiores estrelas do pôquer. Ele tinha feito um jogo sólido até aquele momento e, então, desmoronou. Quando lhe perguntei o que tinha acontecido, ele respondeu: "Entrei em pânico e comecei a fazer coisas estúpidas. Acho que não estava pronto para jogar contra um campeão".

Seu comportamento é compreensível. Há um fator "uau" definitivo quando ficamos frente a frente com alguém como T. J. Cloutier ou John Bonetti. Pode ser emocionante e intimidante ao mesmo tempo e, se você não for cuidadoso, será exercício rápido de exterminação de fichas!

Francamente, espero que você tenha a chance de jogar em uma mesa com um campeão de pôquer; tenho certeza de que será uma lembrança que irá estimar. Porém, não acabe pagando demais por esse momento. Lembre-se do que sugeri neste capítulo. Aprenda o quanto puder sobre seu oponente. Lembre-se de que você tem uma vantagem porque é um anônimo e, portanto, imprevisível. Reconheça que a aura de celebridade pode ter um impacto, mas que você pode confrontar esse impacto tendo confiança no seu conhecimento do jogo e estabelecendo seu próprio território na mesa. Não se encolha na presença de uma estrela do pôquer! Sente-se direito, porte-se com confiança e você verá que está se encaixando. Evite contato visual com a celebridade do pôquer. Concentre-se no básico e lembre-se de que novatos conseguiram vencer mesas finais contra grandes nomes do mundo do pôquer.

Então, jogue seu jogo! Não se intimide ou fique tão abismado a ponto de esquecer como ler as cartas e as pessoas que estão ao seu redor. E, quanto às pessoas ao seu redor: não se esqueça de que muito provavelmente uma delas, não a estrela do pôquer, será responsável por sua morte na mesa. Portanto, fique atento ao fato de que há oito adversários que se opõem a você, não somente um. Agora, vá lá e jogue como um vencedor; dessa forma, você se sentirá como um, independentemente de como as coisas aconteceram.

Capítulo 15

Por quem as Reações Corporais Dobram

Em 1963, três homens foram pegos nas ruas de Cleveland, Ohio. Naquela data fatídica, o veterano de 39 anos, detetive Martin McFadden, observou dois homens irem e voltarem na frente da janela de uma loja. Eles se revezaram para espreitar dentro da loja e foram embora. Depois de várias passagens, os dois homens se reuniram no final da rua, olhando por trás dos ombros, enquanto falavam com uma terceira pessoa. Preocupado, achando que os homens estivessem fechando a armação e pretendessem roubar a loja, o detetive entrou em ação, revistou um dos homens e achou uma arma escondida. O detetive prendeu os três homens, frustrando um roubo e evitando a possível perda de uma vida.

As observações detalhadas do oficial McFadden se tornaram a base para a decisão histórica da Suprema Corte dos Estados Unidos (*Terry versus Ohio*, 1968, 392 U.S.1). Desde 1968, essa decisão permitiu que oficiais de polícia detenham e revistem indivíduos sem um mandado judicial quando seus comportamentos demonstrarem a intenção de cometer o crime. Com essa decisão, a Suprema Corte reconheceu que o comportamento não verbal pressagia a criminalidade, se esses comportamentos forem propriamente observados e decodificados. Mais uma vez, vemos uma demonstração da relação entre nossos pensamentos, intenções e comportamentos não verbais. E, mais importante, temos reconhecimento legal de que essa relação existe e é válida.

A decisão da Corte na mesa de pôquer

Ter apenas uma intuição ou uma sensação de que alguém quer fazer o mal (tentando roubá-lo às escuras ou roubar o seu *blind*) não é prova suficiente para a Suprema Corte e também não deve ser diferente para jogadores de pôquer. É preciso ser capaz de articular com clareza o que foi observado e o significado dessas observações, antes que alguém tenha permissão de agir. Hoje, podemos fazer isso. Pesquisas das últimas duas décadas nos permitiram validar ligações entre nossos pensamentos e nossas ações. No caso *Terry versus Ohio*, uma observação minuciosa foi feita, comportamentos foram claramente articulados e o oficial que estava na cena definiu meticulosamente o que cada comportamento significava. Isso não é diferente de você observar cuidadosamente um oponente à mesa de pôquer, identificando um comportamento específico – um oponente, de repente, deixar seus pés na posição de prontidão – e então definir o que ele significa: um *sinal de intenção* para que você tome alguma atitude.

Quando se trata do estudo de reações corporais de pôquer, nós evoluímos do reino da experiência pessoal para a ciência profissional. À medida que aprendemos mais sobre o cérebro e o comportamento, ampliamos nossa habilidade para decifrar e identificar, com precisão, comportamentos não verbais que nos permitem avaliar, com uma certeza crescente, o que a pessoa pretende fazer e a honestidade global de suas ações.

Leia bem as pessoas e será pelo seu oponente que as reações corporais se dobrarão

Tudo bem. Você leu o livro, aprendeu o conteúdo, está vestindo sua camiseta de pôquer favorita e está pronto para jogar umas cartas! E agora?

Agora é hora de sair e jogar com confiança. Reconheça que agora você possui uma vantagem tremenda à mesa de pôquer. Você tem as ferramentas mais atualizadas, o conhecimento mais atualizado e a estratégia científica mais atual para jogar pôquer para vencer, usando o comportamento não verbal. Você foi introduzido às habilidades de observação e às reações corporais cientificamente validadas que precisará para ler as pessoas de forma bem-sucedida, enquanto esconde seu próprio comportamento.

Não há nada que possa impedi-lo de se tornar um observador e decodificador do mundo melhor. Em um período curto de tempo, como muitos alunos já demonstraram, você colherá os benefícios de utilizar essas novas habilidades. É hora de sair e se divertir, pondo esse novo conhecimento para funcionar nas salas de jogo que você escolher. Deixe este livro tornar-se seu guia, enquanto você continua a amadurecer como jogador nos dias e anos que virão.

E há um bônus. Quanto mais cedo você começar a usar seu novo conhecimento, mais sucesso você terá. Isso porque poucas pessoas terão lido este livro e tido tempo para desenvolver medidas de combate. Sempre haverá alguns jogadores com os quais você poderá contar para serem valiosos fluxos de receita: eles incluem aqueles indivíduos que nunca lerão este livro; aqueles que leram o livro, mas não farão o esforço necessário para traduzir seu conhecimento em ação; e, finalmente, aqueles que usaram as táticas deste livro, mas voltaram para seus métodos antigos porque preferem "jogar por diversão e não ter de levar o jogo tão a sério". Esses indivíduos, enquanto continuarem jogando, providenciarão uma fonte constante de alimento na cadeia alimentar do pôquer.

Um pensamento final

Ler as pessoas de forma bem-sucedida – aprendendo, decodificando e utilizando o comportamento não verbal para prever ações humanas – é uma tarefa para a qual vale gastar seu tempo, que oferece grandes recompensas para os esforços despendidos. Habilidades eficazes de leitura das pessoas podem melhorar a qualidade de vida quando e onde quer que você interaja com os outros. Pode torná-lo um vencedor naquela disputa que chamamos de vida. Então, deixe seus pés firmemente plantados no chão, abra o olho para aquelas reações corporais tão importantes e entre no jogo.

Leia e aproveite!

Alguns pensamentos finais de Phil

Agora, você leu um livro que pode ajudá-lo à mesa de pôquer, em especial se for amador. Isso porque você estará jogando contra outros amadores que não sabem como disfarçar seus gestos e não sabem quais são as reações corporais que devem procurar. Eles simplesmente não conhecem as importantes reações corporais que Joe apresentou neste livro, reações corporais que, em minha opinião, são incrivelmente precisas. Além disso, eles provavelmente não reservarão um tempo, em um futuro próximo, para conhecê-las, isso se o fizerem.

E os profissionais e supostos profissionais? O livro de Joe deverá ser lido por todos os jogadores sérios, porque apresenta ótimas informações. Posso garantir a você que todos os profissionais se apressarão para comprar este livro, pois reconhecem que saber o que ele tem a dizer pode fazer com que ganhem dinheiro, e não saber pode causar um prejuízo sério em suas finanças. A reputação de Joe no mundo do pôquer já está estabelecida e, onde quer que ele apareça, jogadores de pôquer pegam seu tempo e seu dinheiro e oferecem, com prazer, em troca do seu conselho e de suas estratégias de jogo. Os *insights* de Joe mudaram, para sempre, a paisagem do pôquer e, se você não estiver familiarizado com o novo terreno, simplesmente não encontrará seu caminho para um destino lucrativo.

Além disso, o que você aprende em *Ler e Tirar Proveito* ampliou a aplicação para além das mesas de pôquer. Ao focar nas reações corporais descritas neste livro, economizei uma fortuna e fiz uma fortuna ao ler, de forma precisa, as pessoas no que diz respeito aos negócios. Quando as pessoas vêm até mim com propostas de negócios, uso as reações corporais para determinar se esses indivíduos sentem que suas propostas são "fortes" ou "fracas", se são razoáveis ou exageradas. Reações corporais me permitem avaliar se a pessoa que está oferecendo o acordo é confiável, dedicada e disposta a trabalhar no projeto, ou desonesta, mentirosa e preguiçosa. Posso dizer se ele ou ela realmente acredita no projeto. Assim como você também pode.

Usar as reações corporais também pode ser muito útil ao lidar com relacionamentos interpessoais. Quando um agente de carreira do FBI revelou a você comportamentos não verbais usados por ele para denunciar grandes espiões, é altamente provável você ser capaz de usar esses mesmos métodos para determinar quando seu amigo, esposa ou filho está mentindo ou dizendo a verdade.

Vá e use a informação que você aprendeu neste livro. Use à mesa de cartas, à mesa de negócios, à mesa de jantar. Estou convencido de que você experimentará uma diferença significativa nos níveis de sucesso que alcançará; aposto que você será capaz de "perceber" a diferença!

Bibliografia

BIRDWHISTELL, R. L. *Kinesics and Context: Essays on Body-Motion Communication*. Philadelphia: Penguin, 1971.
BUCK, R. *The Communication of Emotion*. New York: Guilford Press, 1994.
BURGOON, J. K.; BULLER, D. B.; WOODALL, W. G. *Nonverbal Communication: The Unspoken Dialogue*. Columbus: Greyden Press, 1994.
CANTER, D.; ALISON, L. *Interviewing and Deception*. Dartmouth: Ashgate, 1998.
CARTER, R. *Mapping the Mind*. Los Angeles: University of California Press, 1998.
CIALDINI, R. B. *Influence: The Psychology of Persuasion*. New York: William Morrow, 1993.
CLARK, S.; MOCK, A. "Tampa Bay's Spycatcher". *Imago,* vol. 4, cidade, n. 4, p. 16-21, 2004.
COLLETT, P. *The Book of Tells: From the Bedroom to the Boardroom – How to Read Other People*. Ontário: HarperCollins, 2003.
DAVIS, A.; PEREIRA, J.; BULKELEY, W. "Security Concerns Bring Focus on Translating Body Language." *Wall Street Journal*. New York, página, 15 ago, 2002.
DE BECKER, G. *The Gift of Fear*. New York: Dell, 1997.
DIMITRIUS, J.; MAZZARELA, M. *Put Your Best Foot Forward: Make a Great Impression by Taking Control of How Others See You*. New York: Fireside, 2002.
_____. *Reading people*. New York: Ballantine, 1998.
DUKE, A. "Annie vs. The FBI." *Bluff.* Atlanta, abr.-mai., 2005.

EKMAN, P. *Emotions Revealed: Recognizing Faces and Feelings to Improve Communication and Emotional Life.* New York: Times Books, 2003.

_____. *Telling Lies: Clues to Deceit in the Marketplace, Politics, and Marriages.* New York: W. W. Norton, 1985.

FELDMAN, A. "Navarro Steals the Show at CH2." ESPN.com, 24 fev. 2006. Disponível em: <http://proxy.espn.go.com/espn/poker/columns/story?columnist=feldman_andrew&id=2141913>.

FORD, C. V. *Lies! Lies! Lies! The Psychology of Deceit.* Washington, D. C.: American Psychiatric Press, 1996.

GIVENS, D. G. *The Nonverbal Dictionary of Gestures, Signs and Body Language Cues.* Spokane: Center for Nonverbal Studies, 1998-2000.

GOLEMAN, D. *Emotional Intelligence.* New York: Bantam, 1995.

GUERRERO, L. K.; DEVITO, J. A.; HECHT, M. L. *The Nonverbal Communication Reader: Classic and Contemporary Readings.* 2ª ed. Long Grove: Waveland Press, 1999.

HALL, E. T. *The Silentew Language.* New York: Doubleday, 1959.

HARPER, R. G.; WIENS, A. N.; MATARAZZO, J. D. *Non-Verbal Communications: The State of the Art.* New York: John Wiley & Sons, 1978.

HARRISON, R. P. *Beyond Words: An Introduction to Nonverbal Communication.* Englewood Cliffs: Prentice-Hall, 1974.

HELLMUTH, P. "A Happy Outcome at Camp Hellmuth." *Card Player,* vol. 19, n. 7, Clarkstown, 2006.

JACKIEWICZ, Dr. J. Interviewed by Joe Navarro. 10 abr. 2006

KNAPP, M. L.; HALL, J. A. *Nonverbal Communication in Human Interaction.* 5ª ed. New York: Harcourt Brace Jovanovich, 2002.

LEDOUX, J. E. *The Emotional Brain: The Mysterious Underpinnings of Emotional Life.* New York: Touchstone, 1996.

MACLEAN, P. *The Triune Brain in Evolution: Role in Paleocerebral Functions.* New York: Plenum, 1990.

MORRIS, D. *Bodytalk: the Meaning of Human Gestures.* New York: Crown, 1994.

_____. *Body Watching.* New York: Crown, 1985.

_____. *Man Watching.* New York: Crown, 1980.

_____. *Manwatching: A Field Guide to Human Behavior.* New York: Harry N. Abrams, 1977.

_____. *Intimate Behavior.* New York: Random House, 1971.

MORRIS, D. et al. *Gestures.* New York: Scarborough, 1994.

MORRISON, T.; CONAWAY, W. A.; BORDEN, G. A. *Kiss Bow, or Shake Hands: How to Do Business in Sixty Countries.* Holbrook: Adams Media Corporation, 1994.
MURPHY, D. "Reading Body Language Can Help Unmask a Bluffer." *San Francisco Chronicle.* San Francisco, página, 24 set. 2005.
NAVARRO, J. Interview. *Bluff.* Atlanta, jan. 2006, p. 40-41.
_____. "Your Stage Presence: Nonverbal Communication." In:
_____, *Successful Trial Strategies for Prosecutors.* Columbia: National College of District Attorneys, 2005, p. 13-19.
_____. "Testifying in the Theater of the Courtroom." *FBI Law Enforcement Bulletin.* Washington, D. C., p. 26-30, set. 2004.
_____. "A Four Domain model of Detecting Deception." *FBI Law Enforcement Bulletin.* Washington, D. C., p. 19-24, jun. 2003.
NAVARRO, J.; SCHAFER, J. R. "Universal Principles of Criminal Behavior: A Tool for Analyzing Criminal Intent." *FBI Law Enforcement Bulletin.* Washington, D. C., p. 22-24, jan. 2003.
_____. "Detecting Deception." *FBI Law Enforcement Bulletin.* Washington, D. C., p. 9-13, jul. 2001.
SCHAFER, J. R.; NAVARRO, J. *Advanced Interviewing Techniques.* Springfield: Charles C. Thomas, 2004.
STEERE, D. A. *Bodily Expressions in Psychotherapy.* New York: Brunner/Mazel, 1982.
VRIJ, A. *Detecting Lies and Deceit: The Psychology of Lying and the Implications for Professional Practice.* Chichester: John Wiley & Sons, 2000.
VRIJ, A.; SEMIN, G. R. "Lie experts' Beliefs about Nonverbal Indicators of Deception." *Journal of Nonverbal Behavior,* vol. 20, New York, p. 65-80, 1996.
VRIJ, A. et al. "Detecting Deception via Analysis of Verbal and Nonverbal Behavior." *Journal of Nonverbal Behavior,* vol. 24, nº 4, p. 239-263, inverno/2000.
ZUNIN, L.; ZUNIN, N. *Contact – The First Four Minutes.* New York: Ballantine, 1972.

Nota do editor internacional:

Fizemos todos os esforços para cumprir os requerimentos no que diz respeito aos direitos autorais do material.
Os autores e editores retificarão, prontamente, quaisquer omissões.

Índice Remissivo

A

Adversários
reações corporais 7, 8, 9, 10, 11, 15, 16, 17, 18, 20, 21, 22, 23, 28, 29, 30, 33, 34, 35, 36, 37, 38, 39, 40, 41, 45, 46, 47, 48, 50, 51, 54, 62, 63, 64, 65, 66, 67, 68, 73, 74, 75, 76, 77, 78, 79, 82, 83, 84, 88, 89, 90, 92, 93, 95, 97, 99, 100, 101, 102, 104, 105, 106, 113, 115, 117, 119, 121, 124, 125, 126, 128, 129, 133, 135, 136, 137, 140, 141, 143, 145, 148, 152, 155, 158, 160, 169, 174, 175, 176, 178, 179, 180, 181, 187, 189, 192, 193, 194
Agressão visual 60
Ameaça
percebida 63
potencial 29, 32, 55, 80, 83, 113, 147
Apostando 57, 116
Apostar (apostando) pouco 16, 20, 24, 50, 59, 71, 101, 127, 139, 142, 149, 180, 186
Aumentar
agressivo 57, 59, 60, 63, 76, 136, 173
legalmente 141, 142
sobrancelhas 20, 77, 109, 152, 155
Autoabraço 10, 169

B

Baldwin, Bobby 43
Banco de dados 7, 38, 39
Barron, Elizabeth 14
Base
comportamento 21, 22, 23, 29, 30, 33, 34, 35, 36, 37, 41, 45, 46, 48, 49, 50, 51, 54, 56, 57, 58, 60, 62, 67, 73, 74, 75, 76, 79, 82, 87, 90, 93, 95, 100, 101, 102, 104, 109, 111, 113, 115, 117, 119, 121, 124, 125, 126, 128, 135, 136, 137, 139, 140, 145, 146, 147, 148, 149, 152, 157, 158, 159, 160, 162, 163, 164, 165, 166, 169, 173, 175, 176, 178, 184, 185, 189, 190, 191, 192, 193
posição 9, 33, 34, 35, 36, 53, 54, 68, 69, 71, 72, 73, 76, 78, 85, 90, 91, 92, 97, 101, 104, 109, 117, 119, 121, 122, 126, 142, 176, 185, 192
tranquilizador 17, 87, 137, 158, 159, 160, 162, 164, 165, 169
Berman, Lyle 183
Bjorin, Chris 143
Blefadores 49
Blefando 23, 35, 36, 49, 50, 62, 74, 85, 87, 131, 132, 137, 160, 161, 163, 165, 174
Bluff, revista 22, 195, 197
Bochechas, infladas 160, 164, 165
Bonetti, John 13, 36, 190
Braço(s) 53, 67
Brunson, Doyle 21, 36, 187

C

Calça
esfregar 56, 143, 159, 164
Calcanhar 85
Call 49, 71, 83, 85, 90, 99, 117, 132, 139, 141, 142, 155, 160, 165, 180
Calota craniana 45, 46
Cara
a cara 184
fazendo 39, 40, 41, 57, 62, 85, 106, 117, 125, 159, 164, 166, 173

Carta wild 187, 188
Cérebro
  emocional 46, 59, 63, 64, 80, 105,
    125, 130
  pensante 46, 63, 124
  primitivo 48, 49, 63
  reativo 46, 80
  reptiliano 46
Cloutier, T. J. 13, 16, 17, 49, 156, 190
Comandar e controlar 49, 82, 105, 122,
  155
Comportamento 21, 22, 23, 29, 30, 33,
    34, 35, 36, 37, 41, 45, 46, 48, 49,
    50, 51, 54, 56, 57, 58, 60, 62, 67,
    73, 74, 75, 76, 79, 82, 87, 90, 93,
    95, 100, 101, 102, 104, 109, 111,
    113, 115, 117, 119, 121, 124,
    125, 126, 128, 135, 136, 137,
    139, 140, 145, 146, 147, 148,
    149, 152, 157, 158, 159, 160,
    162, 163, 164, 165, 166, 169,
    173, 175, 176, 178, 184, 185,
    189, 190, 191, 192, 193
  agressivo 57, 59, 60, 63, 76, 136, 173
  ameaçador 49, 56, 60, 183
  base 7, 22, 27, 33, 54, 66, 191
  blefar-apostar-congelar 50
  decodificador 192
  encarando 36, 48, 59, 188
  humano 22, 23, 45, 46, 67, 82, 157,
    185
  não verbal 17, 21, 23, 33, 36, 46, 121,
    125, 136, 175, 178, 191, 192, 193
  padrões 33, 34, 189
  tranquilizador 17, 87, 137, 158, 159,
    160, 162, 164, 165, 169
  verbal 17, 21, 23, 33, 36, 46, 60, 62,
    73, 121, 125, 131, 136, 137, 175,
    178, 191, 192, 193
Compromisso
  reações corporais 7, 8, 9, 10, 11, 15,
    16, 17, 18, 20, 21, 22, 23, 28, 29,
    30, 33, 34, 35, 36, 37, 38, 39, 40,
    41, 45, 46, 47, 48, 50, 51, 54, 62,
    63, 64, 65, 66, 67, 68, 73, 74, 75,
    76, 77, 78, 79, 82, 83, 84, 88, 89,
    90, 92, 93, 95, 97, 99, 100, 101,
    102, 104, 105, 106, 113, 115,
    117, 119, 121, 124, 125, 126,
    128, 129, 133, 135, 136, 137,
    140, 141, 143, 145, 148, 152,
    155, 158, 160, 169, 174, 175,
    176, 178, 179, 180, 181, 187,
    189, 192, 193, 194
Confiança
  alta 9, 15, 20, 42, 56, 77, 83, 87, 90,
    95, 99, 100, 101, 102, 104, 105,
    106, 109, 111, 112, 113, 115,
    116, 117, 119, 121, 124, 125,
    126, 127, 128, 136, 143, 148,
    149, 152, 155, 160, 178
  baixa 9, 62, 68, 77, 99, 100, 101, 102,
    104, 109, 115, 117, 118, 119,
    123, 124, 128, 130, 132, 133,
    135, 136, 148, 152, 160, 178, 180
Congelar
  reação 8, 9, 10, 15, 16, 17, 20, 21,
    34, 35, 38, 48, 49, 50, 51, 53, 56,
    57, 59, 62, 63, 74, 75, 76, 77, 78,
    82, 83, 85, 87, 88, 90, 92, 93,
    95, 100, 101, 102, 104, 106, 109,
    111, 113, 114, 115, 119, 121,
    122, 124, 125, 126, 127, 128,
    130, 131, 133, 135, 137, 140,
    146, 147, 148, 149, 152, 156,
    160, 161, 163, 164, 166, 175,
    176, 178, 179, 180, 181, 184, 189
Consciência
  situacional 28
Conter (contendo, contenção) 49, 111
Convencer 65, 142, 175
Cotovelo 57, 61, 119

D

Decifrar (decifrando) 17, 21, 31, 35, 37,
  38, 39, 189, 192
Delitz, Don 13
Desafiar a gravidade 106
Desligamento 90, 92, 117, 188
Detecção 22
Díade 81
Discovery Channel 22, 163
Duke, Annie 13, 16, 22, 63, 163, 183,
  197

E

Eastwood, Clint 174, 197
Efeito da pontuação no boliche 11, 185,
  186
Em pé 111
Encarar
  para baixo 42, 60, 68, 82, 83, 90, 92,
    109, 128

Esfandiari, Antonio 13
Espelho (espelhando) 83
Espionagem 19, 20
Estresse
　blefe 50, 62, 87, 104, 126, 131, 140,
　　160, 165, 174, 177, 180
　comportamento 21, 22, 23, 29, 30, 33,
　　34, 35, 36, 37, 41, 45, 46, 48, 49,
　　50, 51, 54, 56, 57, 58, 60, 62, 67,
　　73, 74, 75, 76, 79, 82, 87, 90, 93,
　　95, 100, 101, 102, 104, 109, 111,
　　113, 115, 117, 119, 121, 124,
　　125, 126, 128, 135, 136, 137,
　　139, 140, 145, 146, 147, 148,
　　149, 152, 157, 158, 159, 160,
　　162, 163, 164, 165, 166, 169,
　　173, 175, 176, 178, 184, 185,
　　189, 190, 191, 192, 193
　tranquilizadores 10, 104, 126, 157,
　　158, 159, 160, 161, 164, 169, 178
Exalar, para cima 160, 165
Exaltação 129, 155
Exibir (exibindo) 101, 102, 109, 119,
　　139, 143, 163, 174, 175, 184, 189
Expressão facial 26, 33, 68, 73
Extrovertida 22, 33
Exuberância 80, 125, 175

F

Falar
　de repente 16, 35, 47, 48, 49, 84, 85,
　　87, 90, 91, 92, 93, 95, 115, 119,
　　135, 142, 158, 164, 165, 192
　excessivo 175
　gracejos 50
　pés 8, 33, 48, 51, 54, 56, 74, 79, 80,
　　81, 82, 83, 84, 85, 87, 88, 92, 97,
　　102, 106, 125, 129, 130, 176,
　　192, 193
FBI (Federal Bureau of Investigation) 1,
　　3, 17, 21, 22, 23, 25, 37, 38, 49,
　　81, 89, 147, 148, 156, 162, 174,
　　194, 195, 197
Feldman, Andrew 13, 155, 156
Ferguson, Chris 21
Ficha(s)
　arrumar 156
　lançar 113
　pegar 43, 125, 127
Fisiológico 105
Flash, olhos 10, 152, 155
Franzir, lábio 95, 97, 152

G

Gerente do andar 60
Gestos, micro 159, 180, 193
Givens, David 14
Goldenberg, Jeff 13

H

Habilidade
　perecível 30
　pôquer 1, 3, 7, 8, 9, 10, 11, 13, 15, 16,
　　17, 18, 21, 22, 23, 24, 25, 27, 28,
　　29, 31, 32, 33, 35, 36, 37, 38, 39,
　　40, 41, 42, 43, 45, 46, 47, 48, 49,
　　50, 51, 53, 56, 57, 59, 60, 62, 63,
　　64, 66, 67, 76, 77, 78, 79, 81, 82,
　　83, 84, 87, 89, 90, 95, 100, 101,
　　105, 106, 109, 111, 115, 117, 119,
　　121, 125, 126, 128, 129, 131, 132,
　　142, 148, 149, 152, 155, 156, 158,
　　159, 161, 162, 163, 165, 169, 173,
　　174, 175, 176, 177, 178, 179, 181,
　　183, 184, 185, 186, 187, 188, 189,
　　190, 192, 193, 194
Hansen, Gus 33
Hellmuth, Phil Jr. 1, 3, 4, 15, 16, 17,
　　21, 24, 39, 49, 60, 64, 66, 74, 83,
　　101, 117, 137, 155, 156, 161,
　　183, 185, 189, 196
Hollywood, rumo a 10, 173, 174

I

IAmplify.com 17
Inclinar a cabeça 119
Insegurança 85, 152
Intelectual 46, 47
Inteligência
　aumento da 56, 133
Intenção (intenções)
　pista(s) 49, 84
　verdadeira 9, 38, 83, 124, 130, 141,
　　149, 174
Intensidade 35, 63, 83, 135, 159, 160
Intervalo 100, 149, 159
Intuição 192
Investimento 175
Ivey, Phil 21, 183

J

Jackiewicz, Joyce 14
Jogo da memória 30

K

Karlins, Amber 3, 7, 13, 14, 19
Karlins, Marvin 3, 7, 13, 14, 19

L

Lábio(s)
  cheio 37, 81
  compressão 131, 132
  desaparecer 19
  franzir 95, 97, 152
  lamber 26, 135, 160, 164
  massagear 164
  morder 34, 135
Lançamento arco-íris 113, 155
Las Vegas 13, 66, 183
Lazarou, Taso 41
Lederer, Howard ("O Professor") 141
Leitura das pessoas 15, 32, 34, 35, 64, 156, 193
Ler
  cartas 9, 15, 16, 21, 28, 32, 33, 34, 35, 36, 37, 38, 39, 40, 41, 42, 43, 46, 47, 48, 51, 53, 54, 55, 56, 57, 59, 60, 66, 67, 68, 70, 71, 75, 77, 78, 82, 83, 92, 93, 94, 95, 100, 101, 102, 104, 106, 109, 114, 115, 116, 117, 119, 121, 122, 124, 125, 126, 127, 128, 131, 132, 133, 137, 141, 142, 143, 148, 149, 152, 155, 156, 165, 174, 176, 178, 180, 184, 186, 187, 189, 190, 192, 194
  cuidadoso 21, 135, 190
  jogadores 8, 13, 15, 17, 20, 21, 22, 23, 24, 31, 32, 33, 34, 35, 36, 37, 38, 39, 40, 41, 42, 43, 45, 46, 48, 50, 51, 56, 57, 59, 60, 62, 63, 65, 66, 67, 73, 74, 76, 77, 81, 82, 83, 87, 89, 90, 92, 93, 95, 99, 100, 101, 106, 109, 111, 113, 114, 115, 116, 117, 119, 121, 122, 124, 125, 126, 127, 128, 132, 135, 136, 137, 139, 140, 141, 149, 152, 153, 159, 163, 169, 173, 174, 176, 178, 179, 180, 184, 185, 186, 187, 188, 189, 192, 193, 194
  pessoas 8, 11, 15, 16, 17, 20, 22, 28, 29, 31, 32, 33, 34, 35, 36, 37, 38, 39, 40, 42, 45, 47, 49, 50, 59, 64, 66, 67, 74, 75, 76, 77, 78, 81, 84, 88, 92, 95, 101, 105, 115, 117, 124, 125, 128, 129, 132, 135, 140, 145, 146, 149, 152, 155, 156, 158, 160, 161, 164, 165, 169, 176, 178, 179, 186, 190, 192, 193, 194
Límbico, cérebro 8, 45, 46, 47, 48, 49, 50, 51, 56, 57, 63, 74, 80, 82, 93, 105, 106, 115, 116, 119, 122, 124, 125, 131, 133, 175
Ling, Juan 14
Língua
  projeção 137, 139, 140
Luta
  reação de 8, 48, 49, 50, 51, 53, 56, 57, 59, 75, 85, 87, 146, 148, 163, 166

M

Mão(s)
  bloqueio 56, 63, 145, 146, 147, 148
  calça 87
  comportamento 21, 22, 23, 29, 30, 33, 34, 35, 36, 37, 41, 45, 46, 48, 49, 50, 51, 54, 56, 57, 58, 60, 62, 67, 73, 74, 75, 76, 79, 82, 87, 90, 93, 95, 100, 101, 102, 104, 109, 111, 113, 115, 117, 119, 121, 124, 125, 126, 128, 135, 136, 137, 139, 140, 145, 146, 147, 148, 149, 152, 157, 158, 159, 160, 162, 163, 164, 165, 166, 169, 173, 175, 176, 178, 184, 185, 189, 190, 191, 192, 193
  concha 68, 71, 124, 146, 161
  forte 10, 16, 18, 34, 35, 41, 83, 93, 105, 111, 113, 116, 119, 122, 125, 126, 127, 131, 135, 136, 139, 142, 143, 149, 155, 156, 158, 179
  fraca 49, 51, 56, 87, 119, 125, 127, 132, 135, 136, 160, 163, 165
  gesto 17, 26, 28, 35, 49, 92, 106, 109, 122, 124, 128, 162, 179
  incerta 165
  movimentos 20, 21, 43, 50, 53, 68, 71, 74, 81, 83, 85, 101, 125, 126, 141, 161, 186
  muito forte 116, 139, 156, 158
  olhando para 37, 60, 68, 84, 90, 93, 105
  rezando 180
  torre 9, 102, 104, 121, 122, 123, 124

transparente 175
tremendo 125, 126
Marx, Irmãos 9, 109
Mascando chiclete 33, 101, 158, 160
Maxilar, cerrando 75
McBride, Kevin 114
McFadden, Oficial 191
Mentira(s)
  detecção 22
Mercado, Robert 13
Morris, Desmond 80

N

Não verbal
  comportamentos 8, 15, 17, 23, 29, 31, 32, 33, 34, 36, 37, 38, 39, 45, 47, 48, 50, 51, 56, 59, 63, 65, 67, 76, 77, 81, 84, 85, 99, 101, 104, 105, 106, 111, 124, 125, 129, 137, 145, 148, 149, 152, 157, 158, 159, 160, 161, 169, 173, 174, 178, 179, 191, 192, 194
  reação corporal 9, 10, 15, 17, 21, 34, 35, 38, 56, 59, 76, 77, 78, 83, 87, 88, 90, 92, 93, 95, 100, 101, 102, 104, 106, 109, 111, 113, 114, 115, 119, 121, 122, 124, 125, 126, 127, 128, 130, 131, 133, 135, 137, 140, 147, 148, 149, 152, 156, 160, 161, 166, 175, 176, 178, 179, 180, 181, 189
Nariz
  dilatação 22, 90, 149, 152, 155, 156, 179
  tocar 126, 135, 137, 160, 164
Navarro, Axioma de 65
Navarro, Joe 3, 4, 13, 16, 17, 21, 22, 23, 24, 33, 140, 143, 155, 156, 179, 181, 193, 194, 196
Neocortical 45, 46, 47, 63
Neurobiologia 23
Nguyen, Scotty 114, 180
No-Limit Hold'em 17, 43, 179, 187

O

Observação
  consciente 29, 80, 149
  habilidades 22, 26, 29, 30, 31, 32, 36, 37, 39, 41, 42, 66, 80, 111, 173, 176, 178, 183, 192, 193
  intrusiva 36

Obsessivo 33
Óculos escuros 8, 60, 76, 77, 78, 149, 156
Ocultar (ocultando) 8, 11, 17, 29, 50, 63, 65, 66, 67, 74, 75, 76, 78, 82, 131, 178, 179, 181
Olhar de soslaio 47
Olho(s)
  arregalados 155
  bloqueio 56, 63, 145, 146, 147, 148
  contato 121, 190
  dilatação 22, 90, 149, 152, 155, 156, 179
  flash 10, 152, 155
  franzindo 10, 95, 152, 174
Ollis, Richard 13
Orbicular, músculo 130, 131

P

Palma(s) 79
Passivo 29, 178
Pedra angular 45
Pensamento
  cérebro 7, 23, 45, 46, 47, 48, 49, 51, 53, 56, 57, 63, 64, 74, 80, 82, 93, 106, 115, 116, 122, 124, 125, 145, 146, 157, 159, 165, 192
  perigoso 56, 66, 80, 162
Percepção
  gestão 11, 174, 178, 179
Perna(s)
  limpeza 10, 165, 166
Pernas da cadeira 51, 86, 87
Pé(s)
  agitados 125
  comportamento 21, 22, 23, 29, 30, 33, 34, 35, 36, 37, 41, 45, 46, 48, 49, 50, 51, 54, 56, 57, 58, 60, 62, 67, 73, 74, 75, 76, 79, 82, 87, 90, 93, 95, 100, 101, 102, 104, 109, 111, 113, 115, 117, 119, 121, 124, 125, 126, 128, 135, 136, 137, 139, 140, 145, 146, 147, 148, 149, 152, 157, 158, 159, 160, 162, 163, 164, 165, 166, 169, 173, 175, 176, 178, 184, 185, 189, 190, 191, 192, 193
  cruzados 169
  felizes 8, 81, 82, 83, 102, 106
  levantam 84, 111, 113
  movimento 49, 55, 68, 80, 85, 92, 117, 126, 128, 137, 166, 179

pista de intenção 84
planos 74, 85
posição dos 92
prontidão 85, 90, 92, 97, 176, 192
reações corporais 7, 8, 9, 10, 11, 15,
    16, 17, 18, 20, 21, 22, 23, 28, 29,
    30, 33, 34, 35, 36, 37, 38, 39, 40,
    41, 45, 46, 47, 48, 50, 51, 54, 62,
    63, 64, 65, 66, 67, 68, 73, 74, 75,
    76, 77, 78, 79, 82, 83, 84, 88, 89,
    90, 92, 93, 95, 97, 99, 100, 101,
    102, 104, 105, 106, 113, 115,
    117, 119, 121, 124, 125, 126,
    128, 129, 133, 135, 136, 137,
    140, 141, 143, 145, 148, 152,
    155, 158, 160, 169, 174, 175,
    176, 178, 179, 180, 181, 187,
    189, 192, 193, 194
travados 51, 87
Pescoço
  cavidade 161, 163, 164
  tocar 126, 135, 137, 160, 164
Poker face 82
Polegar(es)
  para cima 9, 15, 41, 42, 68, 83, 84,
    92, 102, 105, 106, 107, 109, 113,
    114, 116, 127, 128, 130, 132
Pôquer
  jogadores, top 8, 13, 15, 17, 20, 21,
    22, 23, 24, 31, 32, 33, 34, 35, 36,
    37, 38, 39, 40, 41, 42, 43, 45, 46,
    48, 50, 51, 56, 57, 59, 60, 62,
    63, 65, 66, 67, 73, 74, 76, 77, 81,
    82, 83, 87, 89, 90, 92, 93, 95, 99,
    100, 101, 106, 109, 111, 113,
    114, 115, 116, 117, 119, 121,
    122, 124, 125, 126, 127, 128,
    132, 135, 136, 137, 139, 140,
    141, 149, 152, 153, 159, 163,
    169, 173, 174, 176, 178, 179,
    180, 184, 185, 186, 187, 188,
    189, 192, 193, 194
  limites baixos 40
  palestras 23, 64, 66, 83, 156
  torneios 21, 23, 37, 39, 59, 63, 64, 77,
    78, 158, 184, 188, 189
Por cima 50, 81, 119, 165, 179
Posição
  de prontidão 85, 92, 97, 176, 192
  neutra 122
Postura
  ereta 9, 35, 92, 109, 119, 179

normal 35, 50, 51, 53, 74, 83, 92, 101,
    126, 137, 149, 151, 185
robótica 8, 67, 74
Pouco dinheiro 104, 126
Predador 48, 49, 51, 56
Profissional(is)
  jogador(es) 16, 23, 24, 28, 29, 33, 34,
    35, 36, 38, 39, 40, 41, 43, 47, 48,
    50, 51, 53, 54, 55, 56, 57, 59, 60,
    62, 68, 71, 73, 76, 78, 82, 83, 84,
    85, 87, 90, 92, 93, 95, 97, 99, 100,
    101, 102, 105, 106, 109, 111, 113,
    115, 116, 117, 119, 122, 124, 125,
    126, 127, 128, 131, 132, 133, 135,
    139, 140, 141, 143, 148, 151, 152,
    155, 159, 160, 163, 164, 165, 169,
    173, 174, 175, 178, 179, 181, 184,
    185, 187, 189, 193
  pôquer 1, 3, 7, 8, 9, 10, 11, 13, 15, 16,
    17, 18, 21, 22, 23, 24, 25, 27, 28,
    29, 31, 32, 33, 35, 36, 37, 38, 39,
    40, 41, 42, 43, 45, 46, 47, 48, 49,
    50, 51, 53, 56, 57, 59, 60, 62, 63,
    64, 66, 67, 76, 77, 78, 79, 81, 82,
    83, 84, 87, 89, 90, 95, 100, 101,
    105, 106, 109, 111, 115, 117, 119,
    121, 125, 126, 128, 129, 131, 132,
    142, 148, 149, 152, 155, 156, 158,
    159, 161, 162, 163, 165, 169, 173,
    174, 175, 176, 177, 178, 179, 181,
    183, 184, 185, 186, 187, 188, 189,
    190, 192, 193, 194
Psicologia
  reversa 175
Psicólogo 22, 23
Pupila
  contração 9, 10, 20, 115, 117, 119,
    149, 152
  dilatação 22, 90, 149, 152, 155, 156,
    179
  mudanças 28, 35, 76, 77, 92, 95, 126,
    149, 152
  tamanho 77, 109, 149

Q

Queixo 9, 21, 78, 106, 107, 161

R

Radar 67, 89, 97
Reação de fuga 8, 51, 53, 56
Reações corporais

colaborativas 35
enganosas 35
faciais 77, 82, 88, 129
falsas 18, 35, 50, 175, 176, 180
genéricas 34
grupo de 109, 125, 141
honestas 47, 48, 106
identificar 13, 20, 21, 23, 32, 33, 37,
    38, 39, 40, 41, 56, 64, 66, 75, 76,
    101, 109, 126, 129, 137, 140,
    141, 145, 159, 160, 166, 176, 192
idiossincráticas 34
múltiplas 34, 101, 160, 175
óbvias 36, 67, 75
significativas 34, 36, 37, 63, 64, 76,
    124, 126, 159
Reaumentos 159
Reese, Chip 43
Reeser, Marc 14
Respiração, segurando 35, 49, 74, 85,
    179
Revelar
  informação 17, 21, 24, 29, 33, 34, 35,
    37, 39, 41, 54, 66, 67, 89, 90, 92,
    100, 101, 102, 137, 139, 140,
    146, 152, 159, 179, 181, 187, 194
  não revelar 11, 65, 74, 76, 78, 131,
    178, 179, 181
  olhos 10, 20, 28, 30, 43, 53, 56, 60,
    68, 77, 127, 130, 143, 145, 146,
    147, 148, 149, 151, 152, 155,
    156, 184
Rosen, Brandon 13
Rosto(s)
  baixo 42, 62, 68, 79, 82, 83, 90, 92,
    109, 119, 128, 140, 184
  perigo 20, 48, 49, 51, 57, 63, 80, 176
  tranquilizador 17, 87, 137, 158, 159,
    160, 162, 164, 165, 169

S

Sentimentos
  positivos 155
  verdadeiros 21, 42, 47, 80, 129, 131,
    152
Serviço Secreto dos Estados Unidos 76
Social
  convenção 59
  interações 23, 51, 115
Sorriso
  completo 35, 131
  falso 9, 130, 131

meio 4, 15, 16, 22, 27, 28, 30, 35, 37,
    39, 48, 60, 90, 113, 145, 176,
    180, 189
Super
  forte 10, 16, 18, 34, 35, 41, 83, 93,
    105, 111, 113, 116, 119, 122,
    125, 126, 127, 131, 135, 136,
    139, 142, 143, 149, 155, 156,
    158, 179
  mão 9, 10, 16, 20, 21, 25, 26, 28, 34,
    35, 36, 41, 43, 47, 49, 51, 52, 53,
    54, 56, 57, 60, 62, 75, 77, 78, 79,
    83, 85, 87, 89, 92, 93, 94, 95, 96,
    99, 100, 101, 102, 103, 104, 105,
    106, 107, 108, 109, 111, 113, 114,
    115, 116, 117, 119, 122, 124, 125,
    126, 127, 128, 129, 131, 132, 133,
    135, 136, 137, 139, 141, 142, 143,
    148, 155, 156, 158, 160, 162, 163,
    165, 166, 169, 173, 175, 176, 178,
    180, 185, 186
Suprema Corte dos Estados Unidos 191

T

Táticas 23, 59, 188, 193
Técnico 40, 189
Televisão 16, 17, 22, 39, 56, 74, 82,
    160, 187, 188, 189
Território
  redução 67
Terry versus Ohio 191, 192
Testosterona 59, 174
Torneio(s)
  aparência 151, 155
  jogador 16, 23, 24, 28, 29, 33, 34, 35,
    36, 38, 39, 40, 41, 43, 47, 48, 50,
    51, 53, 54, 55, 56, 57, 59, 60, 62,
    68, 71, 73, 76, 78, 82, 83, 84, 85,
    87, 90, 92, 93, 95, 97, 99, 100,
    101, 102, 105, 106, 109, 111,
    113, 115, 116, 117, 119, 122,
    124, 125, 126, 127, 128, 131,
    132, 133, 135, 139, 140, 141,
    143, 148, 151, 152, 155, 159,
    160, 163, 164, 165, 169, 173,
    174, 175, 178, 179, 181, 184,
    185, 187, 189, 193
  pôquer 1, 3, 7, 8, 9, 10, 11, 13, 15, 16,
    17, 18, 21, 22, 23, 24, 25, 27, 28,
    29, 31, 32, 33, 35, 36, 37, 38, 39,
    40, 41, 42, 43, 45, 46, 47, 48, 49,
    50, 51, 53, 56, 57, 59, 60, 62, 63,

64, 66, 67, 76, 77, 78, 79, 81, 82,
  83, 84, 87, 89, 90, 95, 100, 101,
  105, 106, 109, 111, 115, 117,
  119, 121, 125, 126, 128, 129,
  131, 132, 142, 148, 149, 152,
  155, 156, 158, 159, 161, 162,
  163, 165, 169, 173, 174, 175,
  176, 177, 178, 179, 181, 183,
  184, 185, 186, 187, 188, 189,
  190, 192, 193, 194
profissionais 11, 13, 15, 21, 39, 42,
  50, 59, 100, 121, 155, 183, 184,
  186, 187, 188, 189, 194
vida 14, 25, 28, 29, 32, 37, 50, 51, 64,
  115, 143, 157, 158, 162, 191, 193
Tranquilizar (tranquilizador)
  comportamentos 8, 15, 17, 23, 29, 31,
    32, 33, 34, 36, 37, 38, 39, 45, 47,
    48, 50, 51, 56, 59, 63, 65, 67, 76,
    77, 81, 84, 85, 99, 101, 104, 105,
    106, 111, 124, 125, 129, 137,
    145, 148, 149, 152, 157, 158,
    159, 160, 161, 169, 173, 174,
    178, 179, 191, 192, 194
  pescoço 10, 68, 73, 78, 119, 126, 158,
    160, 161, 162, 163, 164, 166, 170
  reações corporais 7, 8, 9, 10, 11, 15,
    16, 17, 18, 20, 21, 22, 23, 28, 29,
    30, 33, 34, 35, 36, 37, 38, 39, 40,
    41, 45, 46, 47, 48, 50, 51, 54, 62,
    63, 64, 65, 66, 67, 68, 73, 74, 75,
    76, 77, 78, 79, 82, 83, 84, 88, 89,
    90, 92, 93, 95, 97, 99, 100, 101,
    102, 104, 105, 106, 113, 115,
    117, 119, 121, 124, 125, 126,
    128, 129, 133, 135, 136, 137,
    140, 141, 143, 145, 148, 152,
    155, 158, 160, 169, 174, 175,
    176, 178, 179, 180, 181, 187,
    189, 192, 193, 194
  rosto 10, 20, 48, 56, 71, 77, 78, 81,
    82, 129, 146, 156, 158, 160, 164,
    165
  se tranquilizar 161, 165, 169
Transmitindo 15
Transmitir 175, 178
Tronco
  inclinar 34, 56, 102, 117, 119
  mexer 35, 81, 92, 128, 142, 164

U

Unger, Stuey 43

V

Vazar 48
Verbal
  abusivo 56, 60
  anúncios 71
  comentários 36, 62, 173
  comportamento 21, 22, 23, 29, 30, 33,
    34, 35, 36, 37, 41, 45, 46, 48, 49,
    50, 51, 54, 56, 57, 58, 60, 62, 67,
    73, 74, 75, 76, 79, 82, 87, 90, 93,
    95, 100, 101, 102, 104, 109, 111,
    113, 115, 117, 119, 121, 124,
    125, 126, 128, 135, 136, 137,
    139, 140, 145, 146, 147, 148,
    149, 152, 157, 158, 159, 160,
    162, 163, 164, 165, 166, 169,
    173, 175, 176, 178, 184, 185,
    189, 190, 191, 192, 193
  desafio 22, 31, 39, 59, 62, 74, 111,
    185
  observações 20, 38, 62, 191, 192
Vulnerável 38, 56

W

World Poker Tour 20, 82, 102, 119
World Series of Poker 15, 20, 41, 77,
  114, 124, 183
WSOP. *Consulte também* World Series
  of Poker
WSOP Academy 16

Z

Zigomático maior 130, 131
Zona de conforto 40

MADRAS® Editora
CADASTRO/MALA DIRETA

Envie este cadastro preenchido e passará a receber informações dos nossos lançamentos, nas áreas que determinar.

Nome _____
RG _____ CPF _____
Endereço Residencial _____
Bairro _____ Cidade _____ Estado _____
CEP _____ Fone _____
E-mail _____
Sexo ❏ Fem. ❏ Masc.   Nascimento _____
Profissão _____ Escolaridade (Nível/Curso) _____

Você compra livros:
❏ livrarias   ❏ feiras   ❏ telefone   ❏ Sedex livro (reembolso postal mais rápido)
❏ outros: _____

Quais os tipos de literatura que você lê:
❏ Jurídicos   ❏ Pedagogia   ❏ Business   ❏ Romances/espíritas
❏ Esoterismo ❏ Psicologia   ❏ Saúde   ❏ Espíritas/doutrinas
❏ Bruxaria   ❏ Autoajuda   ❏ Maçonaria   ❏ Outros:

Qual a sua opinião a respeito desta obra? _____
_____

Indique amigos que gostariam de receber MALA DIRETA:
Nome _____
Endereço Residencial _____
Bairro _____ Cidade _____ CEP _____

Nome do livro adquirido: Phil Hellmuth

Para receber catálogos, lista de preços e outras informações, escreva para:

MADRAS EDITORA LTDA.
Rua Paulo Gonçalves, 88 – Santana – 02403-020 – São Paulo/SP
Caixa Postal 12183 – CEP 02013-970 – SP
Tel.: (11) 2281-5555 – Fax.:(11) 2959-3090
www.madras.com.br

Este livro foi composto em Minion Pro, corpo 11,5/13.
Papel Offset 75g
Impressão e Acabamento
Orgráfic Gráfica e Editora — Rua Freguesia de Poiares, 133
— Vila Carmozina — São Paulo/SP
CEP 08290-440 — Tel.: (011) 2522-6368 — orcamento@orgrafic.com.br